COMMENT VOULEZ-VOUS QUE J'OUBLIE…

ANNIE BUTOR

COMMENT VOULEZ-VOUS QUE J'OUBLIE...

MADELEINE ET LÉO FERRÉ, 1950-1973

Préface de
BENOÎTE GROULT

PHÉBUS

I.S.B.N. : 978-2-7529-0945-9

À ma mère
À Léo, malgré tout

Préface

S'il existe quelque chose d'impossible en littérature, c'est d'évoquer l'innocence de l'enfance, cette innocence qui s'apparente aux ailes d'un papillon qu'on ne peut effleurer sans en détruire l'essentiel, la nature même.

C'est pourtant le tour de force qu'a réussi Annie Butor, qui s'est longtemps appelée Annie Bizy-Ferré, au cours des quatre-vingts premières pages de ce livre qui racontent sa toute petite enfance qui ne ressemble à aucune autre. C'est tout le charme de ce récit tour à tour émouvant, attendrissant, révoltant, tragique parfois, un charme qui allait accompagner Annie dans sa jeunesse, et ses débuts dans l'existence, à travers vents et marées – et il y eut beaucoup de vents portants et contraires – tout au long de cette vie hors normes, une vie qui en aurait tué ou déséquilibré plus d'une.

C'est ce que lui dira beaucoup plus tard Paul Guimard, mon mari, qui avec moi a partagé bien des moments de la vie de ce couple exceptionnel que formaient Léo et Madeleine : «Avec ce que tu as traversé, ma petite Annie, tu devrais aujourd'hui être dans un asile psychiatrique, au mieux ! »

Très vite en effet, en les fréquentant l'un et l'autre, et rarement l'un sans l'autre, il fallait laisser au vestiaire toutes les idées reçues pour plonger dans l'insolite. Il fallait être une petite fille de cinq ans pour affronter cette vie d'artiste et la trouver naturelle.

À vrai dire, rien n'était normal, banal ou rassurant, ni dans la vie qu'ils menaient ni dans les lieux où ils choisissaient de vivre, à dessein semblait-il, pour y devenir encore plus fous ! Fous d'amour l'un pour l'autre, fous aussi de maisons inconfortables et impraticables qu'ils ne cherchèrent jamais à rendre vivables, fous enfin d'attachements délétères pour toutes les bêtes qu'ils recueillirent, persuadés chaque fois qu'ils allaient combler le fossé entre les quadrupèdes et les bipèdes qu'ils restaient, malgré leurs efforts !

Mais c'est l'arrivée d'un bébé chimpanzé qui allait faire basculer la famille dans l'ère des catastrophes : trop jeune pour participer au numéro de singes savants, qui précédait le tour de chant de Léo dans un cabaret parisien, elle s'installa dans leur loge et ne les quitta plus. Léo et Madeleine recueillirent… non, le mot ne convient pas, adoptèrent ce bébé chimpanzé qui, très vite, mesurera un mètre vingt et aura la force de huit hommes. Élevée, si on peut dire, sans aucun interdit ni aucune autorité, Pépée devint incontrôlable. « Le malheur était en route », écrit Annie.

C'est à Nonancourt, une maison presque normale aux environs de Paris, que se situe l'épisode du baiser qui causa l'espacement de nos rencontres avec les Ferré. Nous y allions souvent en week-end et Paul appréciait la sieste dans un hamac accroché entre deux arbres. Et puis, un dimanche, il eut l'impression de mourir. Il voulut crier, mais aucun son ne sortait. Tout son visage était aspiré par une ventouse visqueuse, tandis que ses bras étaient immobilisés dans un étau que, dans son demi-sommeil, il ne parvenait pas à desserrer. Heureusement, Madeleine qui arrosait son jardin, comprit la situation et appela Pépée qui consentit à descendre du hamac. Paul se remit à respirer. « C'est son hamac, expliqua Madeleine, et elle n'aime pas le voir accaparé par un bipède inconnu ! »

Paul néanmoins n'oublia pas ce baiser et nos visites finirent par s'espacer malgré notre tendresse et notre admiration pour eux lorsqu'ils se réfugièrent dans un château du Lot, dans ce qui nous apparaissait comme une descente aux enfers.

Je veux ici rendre hommage au père d'Annie, le « biologique » comme disait Françoise Dolto, René Bizy, homme de devoir et de cœur, qui sut toujours préserver le contact avec Madeleine après leur divorce, et des relations tendres et protectrices avec sa fille qui en eut bien besoin dans les moments dramatiques de la rupture.

Je les ai revus après, l'un sans l'autre : Madeleine absolument démolie et désespérée Léo complètement déboussolé qui pleurait en me parlant de sa femme tandis qu'Annie essayait de survivre en soutenant l'un et l'autre.

Quarante ans plus tard, et juste vingt ans après leur mort à deux mois d'intervalle, Annie Butor a réussi à écrire le livre le plus juste, le plus sensible et le plus intime sur ce couple exceptionnel dont elle a partagé la vie de si près et pendant si longtemps.

BENOÎTE GROULT

Avant-propos

En 1967, Léo avait lui-même imprimé le livre de sa femme Madeleine, *Mémoires d'un Magnétophone*[1]. La diffusion fut confidentielle, le succès également. Le livre est à présent rare et recherché.

Ces *Mémoires* furent utilisés par Robert Belleret, dont la biographie de Léo[2] reste la plus fidèle, bien qu'il ait parfois puisé à des sources sujettes à caution. Je tiens ici à le remercier, lui qui fut l'un des rares à avoir rendu à ma mère sa véritable place.

Plusieurs années après leur divorce, celle qui n'était plus Madeleine Ferré, mais Madeleine Rabereau, me confia un manuscrit, *Quand l'amour m'était chanté*[3], qu'elle avait en vain essayé de faire éditer à la fin des années 1980. Les compliments n'avaient pas manqué, mais elle y dévoilait certaines vérités impubliables. Elles le restent, j'en suis prisonnière comme elle le fut et tout ne sera pas dit.

J'ai voulu dans ce livre, vingt ans après sa mort et celle de Léo, lui donner un peu la parole, tenter de rendre justice à

1. Madeleine Ferré, Perdrigal, 1967.
2. Robert Belleret, *Léo Ferré, une vie d'artiste*, Actes Sud, 1996.
3. Sauf mention contraire, toutes les citations de Madeleine Rabereau sont tirées du manuscrit inédit *Quand l'amour m'était chanté*.

leur passé qui fut le mien et qui me reste aussi précieux que douloureux.

Il est regrettable que je ne puisse transcrire ici, pour des raisons juridiques, certaines des lettres que j'ai en ma possession, écrites par Léo pendant plus de vingt-cinq ans.

Elles auraient permis d'étayer irréfutablement mes propos.

Pendant vingt et un ans il fut marié avec ma mère, Madeleine.

Pendant dix-sept ans ils furent aux genoux l'un de l'autre.

Il m'éleva comme un père idéal avec amour et générosité, puis je fus remplacée par un bébé chimpanzé croisé un après-midi de mars 1961 dans les coulisses d'un music-hall.

Ma mère et Léo partagèrent ensuite des années de complicité destructrice dans un voyage à la limite de la folie, dont elle ne se relèvera jamais.

En 1968, démon de midi et air du temps aidant, il fit, le proclama haut et fort, sa «propre révolution». Pour cela, il largua sa femme, brûla ce qu'il avait adoré et mentit beaucoup à lui-même comme aux autres, pour tenter de faire oublier la réalité d'un passé heureux.

Devenu célèbre et riche, il fut tout de suite parasité.

Lui, si timide depuis toujours avec les femmes, profita alors pleinement de son statut de vedette pour jouir d'une nouvelle liberté sexuelle qu'il revendiqua dans la presse à coups de déclarations provocatrices sur le couple.

Il eut par la suite une autre vie sur laquelle, pour paraphraser Malraux, sachant des tas de misérables secrets, il n'est pas nécessaire que je m'expose.

En lisant la presse, en ouvrant la radio, je me trouve confrontée, bien malgré moi, à mes souvenirs. Souvent je voudrais oublier Léo Ferré, oublier notre passé commun, toutes ces années de bonheur qui sont maintenant pour moi devenues douleur.

J'ai lu trop de mensonges sur ces dix-huit ans de notre

intimité vécue à trois et très peu partagée. Certaines hagiographies me soulèvent le cœur tant les inventions le disputent à la complaisance. Des biographies parues après sa mort, par de supposés amis ou relations, sortent régulièrement. Celles publiées de son vivant et écrites après la séparation d'avec ma mère furent toutes très autorisées, dirigées et tronquées pour faire plaisir à l'artiste qui voulait régler des comptes personnels et cacher des faits et dates susceptibles de lui nuire dans les procédures en cours avec son ex-épouse.

Après sa mort, la désinformation a continué, surveillée de très près par ceux chargés de faire respecter une certaine version de sa vie privée.

Ils trouveront ici matière à travailler.

Quelques rares biographes ont tenté de rester objectifs, mission périlleuse, quasi impossible tant Léo lui-même, voulant brouiller les pistes, s'est acharné, pour justifier son présent, à renier avec rage son passé. Les menaces, la crainte de poursuites judiciaires ont souvent dissuadé les trop curieux ou trop honnêtes.

Ces pages se veulent un témoignage sur les nombreuses années, celles de mon enfance et de mon adolescence, vécues aux côtés d'un immense poète et musicien dont la vie privée fut aussi la mienne.

Le temps passe, et les couches de mensonges qui pour moi sont ressenties comme de douloureuses trahisons s'accumulent par strates successives, sédimentent et vont à leur tour servir de référence pour les livres à venir.

Les témoins de cette époque disparaissent, et moi-même je ne rajeunis pas.

Ma mère lui a consacré sa vie avec passion. Ce livre lui est dédié, elle pour qui Léo, pourtant si douillet, n'hésita pas, en ma présence, un jour de 1957, à s'entailler assez profondément le poignet pour lui dédicacer de son sang son recueil de poèmes *Poète… Vos papiers !*[1], relique que je conserve tristement et tendrement, dédié à leur couple – « Il suffit de les

1. Léo Ferré, *Poète… Vos papiers !* La Table Ronde, 1956.

avoir vus un soir pour comprendre quel bonheur s'attache à un haut amour partagé [1] », écrivait Benjamin Péret qui fit partie de nos intimes –, dédié à un passé que moi aussi j'aimerais maintenant pouvoir laisser passer, non sans l'avoir auparavant un peu offert à ceux qu'il pourrait intéresser.

1. Benjamin Péret, *Anthologie de l'amour sublime*, Albin Michel, 1956.

La rencontre

«Tu vas être souriante... on va voir un monsieur très *gentil.*» Ce banal adjectif reste ancré à jamais dans mes souvenirs, ce jour de notre première rencontre. «Je compte sur toi pour être *gentille* aussi», m'ordonne ma mère, essoufflée, me tirant par la main en grimpant l'étroite rue Royer-Collard, à l'angle de la rue Gay-Lussac à Paris.

C'est en janvier 1950. Je viens d'avoir cinq ans, je suis méfiante, timide, pas contente du tout de traverser le Luxembourg au pas de charge, sans même avoir droit à ces beaux ballons aux grappes multicolores, vendus aux portes du jardin.

Un hôtel vieillot aux murs lézardés, un large escalier de pierre, une porte jaunâtre ouvrant sur une immense pièce jadis blanche... Je revois tout : cette chambre théâtrale avec ses lourds rideaux de velours rouge dissimulant des fenêtres au bois écaillé, un piano à queue usagé au centre de la pièce, un lit dans un coin, un lavabo ébréché, et tout au fond, dans la pénombre, assis près d'une table, croulant sous des livres, des partitions, des papiers, les cheveux ébouriffés, les yeux plissés derrière de vilaines lunettes cerclées, le «Monsieur» était là – mal habillé, ai-je pensé du haut de mon savoir.

«Je m'appelle Léo», dit-il en prenant sur ses genoux une petite fille réticente, quelque peu apeurée par l'allure inhabituelle du nouveau compagnon de sa mère. Son premier mari,

René Bizy, mon père, était un homme de devoir, et, comme tel, l'avait rapidement épousée, car j'arrivai. Il l'aimait, tout en se rendant compte que cette jeune fille était trop peu conventionnelle pour lui qui de Nevers «montait» prudemment à Paris pour tenter bourgeoisement une carrière dans l'immobilier. Comme prévu, le mariage avait peu duré. Écarté de mon éducation, il avait su rester présent de loin, pour préserver le contact avec sa fille, des relations d'amitié avec son ex-femme et des rapports courtois avec Léo.

Le suivant, beau, intelligent, très fugace deuxième mari, que la présence d'une toute petite fille n'intéressait guère, avait menacé un jour de me jeter par la fenêtre d'un hôtel alors que je tentais de m'interposer pour prendre la défense de ma mère au cours d'une altercation un peu vive. Il avait sûrement plaisanté, mais, n'en étant pas totalement certaine, je restais prudente sur les relations de maman.

Que me réservait celui-là ?

Ce fut pourtant sans effort que les deux «gentils» commencèrent une histoire de tendresse qui dura dix-huit ans.

Il m'apparut immédiatement impossible de l'appeler Léo.

Léo ? D'abord, ce prénom, peu usité à l'époque, existait-il vraiment ? J'avais des doutes, certains l'appelaient «Léon» – ce qui l'exaspérait –, mais surtout, c'était un adulte, une personne âgée (il avait trente-quatre ans), que je connaissais à peine. Vraiment, non, c'était trop familier, quant à «papa», c'était totalement exclu, j'avais un père, «un vrai» que je voyais peu certes, mais quand même... Il chercha. Après quelques essais linguistiques auxquels il me fit participer et qui m'amusèrent, il me proposa : «Pouta.»

Au gré des humeurs et des situations, il fut «Poutachou», «Poutachounet», «La Poutine»...

Cela peut paraître ridicule, ce ne le fut pas pendant longtemps. Ce n'est qu'après sa séparation d'avec ma mère, en 1968, qu'il devint pour moi définitivement Léo.

Depuis 1993, il est même le plus souvent Léo Ferré.

«Je suis né par erreur en 1916
et une seconde fois le 6 janvier 1950
quand j'ai connu Madeleine[1].»

Cette jolie déclaration avait plu aux journalistes qui la reprirent pendant des années. Léo lui-même, satisfait de sa formule, l'a répétée, ressassée durant plus de dix-sept ans. Plus tard il déclarera, mystère de la réincarnation, être né en 1968.

Suzanne Girard, la femme de Georges Arnaud, futur auteur du *Salaire de la Peur*[2], fit les présentations une nuit au *Bar Bac*, rue du Bac à Paris, un soir d'errance, là où «une Aveyronnaise charbonneuse tenait un débit de boissons dont le mérite le moins secret était de ne fermer jamais. Elle s'appelait Blanche, dans la nuit noire, et sa silhouette noire finit par orienter les nuits blanches d'une clientèle époustouflante[3]», se souvenait Antoine Blondin dont ce bar fut souvent l'une des ultimes étapes de ses petits matins.

J'y ai passé des nuits et des nuits à cinq ans, emmenée là par deux amoureux inconscients qui vers trois heures, avec leurs vieux manteaux, me préparaient un lit sur un coin de banquette. Avant de m'endormir, bercée par des éclats de voix et de rires, j'avais le temps de découvrir une autre planète,

1. On peut retrouver cette déclaration de Léo Ferré sous différentes formes et à différentes époques dans de nombreux journaux, notamment dans : *Comedia* (20 janvier 1954), *Le Figaro littéraire* (4 novembre 1961), *Le Midi Libre* (avril 1962), *Le Patriote de Nice* (13 avril 1962), *La Voix du Nord* (1962).
2. Georges Arnaud, *Le Salaire de la peur*, Julliard, 1950.
3. Antoine Blondin, *Monsieur Jadis*, La Table Ronde, 1970.

peuplée par ces « Copains d'la Neuille »[1], oiseaux de nuit si différents de mon petit monde habituel.

Ma mère se souvenait de la rencontre :

Il était une fois à Paris un bistrot ouvert toute la nuit, le Bar Bac, *fabuleuse trouvaille située évidemment rue du Bac et dirigée par Blanche et sa sœur, toutes deux hautes en personnalité qui réglaient leurs comptes et leurs additions sans l'aide des flics, même aux heures embuées du petit matin. La clientèle ? Chauffeurs de taxis en rupture de compteurs, peintres sans galerie d'exposition, écrivains sans éditeurs, chanteurs sans voix ou sans cachet, putains sans clients, pigistes sans chiens écrasés. Plus ceux : « On mange un petit bout après le spectacle. » Ce six janvier mil neuf cent cinquante, je franchis pour la première fois le seuil de ce haut lieu de la vie nocturne avec Suzanne, chanteuse réaliste aux cachets un peu vagues. Au fond de la salle, les sièges étaient en cuir tanné par des milliers de culs désespérés d'attendre la gloire. Au bar, Antoine Blondin racontait son certificat d'études ou sa première communion, et Robert Kanters, frais sorti de sa dernière critique littéraire, avait le regard triste de ceux qui, un jour, iront se jeter dans la Seine.*

J'avais vingt-six ans, une fille, un divorce sans importance, une passion qui s'essoufflait pour un beau jeune homme trotskiste qui me faisait vendre La Vérité *sans y croire.*

Il est rentré, incolore dans son imperméable beige, les yeux aigus et tendres, cerclés de lunettes de fer, l'écart des dents de la chance éblouissant un sourire d'enfant, un air d'Ailleurs. Il embrasse Suzanne, et, présentée par elle, me tend la main. Je lui offris une Pall Mall, il s'assit calmement face à moi. Nos destins étaient joués, gagnés, perdus.

Une blonde fille magazine l'attendait à la table voisine. Après une dizaine de minutes de conversation lunaire, il se leva pour la raccompagner, pour s'en débarrasser. Lorsqu'ils sortirent, Le Paradis Bar Bac *referma sur moi un océan de rêves.*

1. Toutes les références des chansons sont listées en fin de volume.

Il m'avait dit « À demain » comme on dit « de toute éternité ». L'éternité, c'était lui.

Le lendemain, après nous être raconté l'essentiel de nos vies antérieures, tu m'as embrassée face aux tours de Saint-Sulpice. Ma mémoire a gardé la vue de l'immense bouquet de violettes de Parme qu'en février tu me brandissais et qui représentait plus que ton minable cachet de L'Écluse, *de la robe blanche qui ne m'allait pas mais qui était « chic » à porter, une robe d'amour sans griffe Chanel, du manteau en chaude petite laine que tu convoitais pour moi en chien d'arrêt devant le magasin et dont je ne voulais pas, alors que tu avais mal aux dents, nous étions si pauvres. Je te revois dans ta veste de pingouin à carreaux noirs et blancs qui ne t'allait pas du tout. Mais Dieu, que je te trouvais beau !*

Quant à Léo, c'est dans un texte, « À la folie [1] », qu'il exprima sa reconnaissance, son amour envers celle qui, un soir, est allée vers lui et l'a sauvé du désespoir alors que, amer et pauvre, il allait abandonner sa « Vie d'artiste » : « Je vivais d'expédients [...] Alors vous m'avez donné la main [...] Alors vous m'avez souri [...] Alors vous m'avez dit "Viens ! [...] Je m'appelle Madeleine." »

En 1963, le souvenir était intact : « J'ai rencontré ma femme dans un bistrot, la nuit, après le travail. On était malheureux, on s'est regardé. Tout a changé. Il y a treize ans [2]. »

Ils ne se quittèrent plus pendant dix-huit ans.

Ils partirent peu après en Angleterre où Léo interprétait un petit rôle de pianiste dans un film. En 1957, dans une « Lettre à l'Angleterre [3] », il évoque cet épisode de leur vie, leur promenade en souvenir d'Emily Brontë dans la lande anglaise, dans ces *Moors* ou, gravant leurs initiales dans le bois mort,

1. « À la folie », publié dans *Léo Ferré,* Seghers, collection « Poètes d'aujourd'hui » n° 93, 1962. Le « Je m'appelle Madeleine » final fut ensuite supprimé dans les éditions ultérieures.

2. Jacques Borgé, interview croisée avec Brassens, 1963.

3. « Lettre à l'Angleterre » (1957) in *Lettres non postées,* La Mémoire et la Mer, 2006.

une voix lui murmurait : «Le vrai roman, c'est le vôtre, Léo, Madeleine, amalgamés et réinventant le Premier Amour.» Au retour il composa «Les Amoureux du Havre».

Ce fut entre eux, immédiatement, un amour fou, une incroyable complicité intellectuelle ; une entente physique totale. Si je peux en témoigner, c'est bien parce que tous deux, parfois avec un rare manque de pudeur, se sont plu, pendant des années, à m'en donner des détails, souvent mystérieux pour la toute petite fille que j'étais, quelquefois gênants, mais toujours intéressants. Leur passion, je l'ai vécue au jour le jour pendant plus de quinze ans, immergée dans un quotidien tumultueux et enrichissant.

J'ai cru au Grand Amour en les voyant se regarder.

Bien malgré moi, j'ai ensuite partagé avec eux des jours sombres faits de délires, de mensonges savamment orchestrés par l'entourage de la vedette, alléché par la perspective d'occuper, d'une manière ou d'une autre, une place convoitée.

Enfant d'un amour réel mais éphémère, d'un mariage raisonnable et d'un divorce banal, je partageais ma petite vie en 1950 entre la banlieue parisienne, Maisons-Alfort ou m'élevaient mes grands-parents maternels à qui ma mère m'avait confiée, et cet hôtel du Quartier latin où Verlaine et Rimbaud avaient, paraît-il, vécu, où je rejoignais le plus souvent possible le couple d'amoureux famélique. Mes grands-parents les aidaient financièrement comme ils le pouvaient. Modestes retraités de la SNCF, ils n'avaient pas beaucoup d'argent. Ma grand-mère, chaque soir, avec sa belle écriture soignée notait scrupuleusement dans un grand cahier d'écolier toutes les dépenses de la journée, si minimes soient-elles. Peu d'écarts étaient permis, mais ils aimèrent tout de suite Léo, ce fut réciproque et ils participèrent généreusement au quotidien du couple.

Malgré l'interdiction écrite en lettres italiques grasses à moitié effacées derrière la porte de la chambre d'hôtel, maman cachait sous le lit un minuscule réchaud à gaz sur lequel elle nous préparait de fabuleux spaghettis à la sauce tomate – cette fameuse sauce tomate si importante pour Léo qui, pendant dix-huit ans, a proclamé que ma mère en était la reine.

Que de soirées passées, l'oreille tendue à écouter sur un poste de TSF «notre» homme présenter *Musiques de l'Est* puis *Musiques Byzantines*[1] dont le générique de Khatchatourian *La Danse du Sabre*, restera pour moi le symbole de l'entrée dans cette vie nouvelle, cette «Vie d'artiste».

À tout jamais, cette chambre d'hôtel et ses murs fatigués demeurent dans mon souvenir liés à la première chanson que Léo m'y chanta le jour même de notre rencontre, m'installant sur ses genoux en s'accompagnant au piano :

On m'a prêté quatre vieux murs
Pour y loger mes quatre membres,
Et dans ce réduit très obscur'
Je voulus installer ma chambre[2]

Cette musique, que je considère être l'une des plus belles qu'il ait composées, me transporta dans un monde fait de livres, de Chambertin et de Margaux (je ne savais pas ce que représentaient ces deux noms accolés, ce qui ne m'empêchait pas de les répéter avec saveur), de « mobilier étourdissant », d'or et de tendresse. Écrite par un autre, cette chanson simple et lumineuse contenait tous ses rêves, qui étaient devenus les nôtres, c'était comme une promesse.

Un soir, il me chanta doucement, tristement « Martha la mule » (1953), texte inspiré par l'époque de sa vie où, retirés à Beausoleil avec Odette sa première femme, il jouait au fermier. L'histoire de cette pauvre mule qui veut retourner dans ses Pyrénées natales et qui, trop confiante, finit aux abattoirs de Vaugirard, déclencha immédiatement chez moi une grosse crise de larmes et, pendant qu'il me prenait dans ses bras essayant de me consoler, je le suppliai : « Ne la chante plus, Pouta, c'est horrible », mais c'était trop tard, Martha restera gravée en moi et ira rejoindre bien des années plus tard ces « Chéris », dont le sort n'est guère enviable :

1. Ces deux émissions étaient diffusées sur Paris Inter.
2. « La Chambre ». Léo s'appropria longtemps cette chanson en « oubliant » de citer le parolier, René Baër, ma mère le lui reprochait.

Mais quand il se fait tard
Le soir à Vaugirard
Y'a des chevaux qui crient[1]

Lorsque, à ses débuts à l'*Olympia*, je l'entendrai entamer, avec des sanglots dans la voix :

Des chevaux d'avoine posthume
Qui traînent leur dernier convoi,
Des chiens perdus que l'on transhume
Vers leur dernier pipi de croix[2]

le cœur serré, dans les coulisses, je ne pourrai retenir mes larmes.

C'est ainsi que « Martha la mule », chanson oubliée, restera à tout jamais pour moi une bien triste madeleine de Proust. La découverte récente d'un poème de Francis Jammes ressuscita mon chagrin d'enfant en ravivant une avalanche de souvenirs qui me ramenèrent à un passé heureux où, sur les genoux de Léo, je prenais simultanément conscience de mon amour des animaux et de la cruauté des hommes :

C'était affreux ce petit veau qu'on traînait
tout à l'heure à l'abattoir et qui résistait,

Et qui essayait de lécher la pluie
sur les murs gris de la petite ville triste.

Ô mon Dieu ! Il avait l'air si doux
et si bon, lui qui était l'ami des chemins en houx.
[…]
Ô mon Dieu ! Faites que ce petit veau
ne souffre pas trop en sentant entrer le couteau[3]…

1. « Les Chéris ».
2. « Merci, mon Dieu ».
3. « C'était affreux » in *De l'Angélus de l'aube à l'Angélus du soir*, Francis Jammes, 1898.

Léautaud fut l'une des références de mes jeunes années.

Très tôt, ma mère me fit lire ses *Entretiens avec Robert Mallet*[1]. Nous n'eûmes pas cent cinquante chiens ni trois cents chats comme l'auteur du *Petit Ami*[2], mais nous fûmes pendant dix-huit ans accompagnés par de nombreux « compagnons de misère » : chiens, chats, oiseaux, vaches, taureau, moutons, cochon, et... chimpanzés.

Léautaud recueillait des animaux abandonnés au Luxembourg. Il refusait ceux qui, trop beaux, n'auraient pas de mal à trouver preneurs. Nous recueillîmes souvent les nôtres au hasard des malheurs de la vie. À une époque où l'argent était rare, Léo déclina pourtant des propositions avantageuses de galas afin de n'être pas éloigné de nos chers animaux. En découvrant les *Entretiens*, je croyais entendre mon Pouta quand il prenait violemment leur défense : même révolte, mêmes expressions, mêmes opinions, l'enfant n'est pas intéressant, lui pourra se défendre, « J'ai pitié de ce qui est sans défense [...] je ne fais pas partie de la société protectrice des hommes[3] ». Pour moi, la messe était dite, et en l'écoutant religieusement, je décidai fermement, vers neuf ans, de ne jamais avoir d'enfant !

Cette empathie pour les animaux, je la ressens toujours profondément, mais leur passion pour une chimpanzé dégénérera chez eux en une véritable folie dans laquelle ils ont plus tard, l'un et l'autre, essayé de m'entraîner. J'ai failli me noyer. Il n'aurait fallu qu'un moment de plus... Paul Guimard, dont la fidèle amitié m'est toujours restée précieuse, me confia un jour, et cette fois sans ironie, que j'avais eu beaucoup de chance de ne pas sombrer avec eux et finir à l'asile.

1. Paul Léautaud, *Entretiens avec Robert Mallet*, « Onzième entretien », Mercure de France, 1988.

2. Paul Léautaud, *Petit ami*, Mercure de France, 1903.

3. Paul Léautaud, *Entretiens avec Robert Mallet*, *op. cit.*

L'enfance
C'est un pays plein de chansons[1]*...*

La géographie de mon enfance fut celle des chansons de celui qui n'était pas encore mon beau-père. Non pas celle d'un vaste monde à découvrir, mais celle d'une géographie de proximité, de Paris et de sa banlieue. Voyageur immobile, pourquoi partir si loin, il avait peur des avions, d'ailleurs, n'est-ce pas : « *Les ports c'est con / Les gares aussi*[2]. »

Mon univers n'en était pas moins fabuleux.

À six ans, bercée par les noms effrayants ou enchanteurs des cabarets parisiens où Léo s'était ou allait se produire : *Le Bœuf sur le toit*, *Les Assassins*, *Le Caveau de la Terreur*, *L'Échelle de Jacob*, *Les Trois Maillets*, *La Rose rouge*, *Le Milord l'Arsouille*, *L'Écluse*, je découvrais le monde. Quand il chanta *Chez ma Cousine*, à Montmartre, cela me sembla plus familier, rassurant quoique incompréhensible pour moi qui cherchais en vain quelle parenté pouvait nous lier à cette « cousine » qu'on ne rencontrait jamais tandis que mes parents parlaient sans cesse avec la plus grande gentillesse d'un certain Jean Méjean[3], un cousin sans doute qui devait habiter sur la butte avec elle ?

Plus tard, à la *Villa d'Este*, le paysage changea : les Champs-Élysées, cette rue Arsène-Houssaye où un homme en casquette

1. « L'Enfance ».
2. « Les Gares, les ports ».
3. Jean Méjean (1930-2010), directeur de cabarets parisiens.

ouvrait en souriant les portes de belles voitures d'où sortaient manteaux de fourrure et bijoux. Dans cette petite salle guindée les applaudissements eux-mêmes devenaient plus « distingués ». Seuls les bruits des verres et les fumées des cigares rappelaient qu'il s'agissait d'un cabaret et non d'une salle de concert. Quand Léo commençait à chanter, il détonnait, semblait agressif envers ce nouveau public mondain. Il détestait cette proximité de la scène propre aux cabarets, ces bruits de fourchettes ou de bouchons de champagne. Il avait obtenu qu'au moins il n'y ait pas de service pendant son tour de chant.

Longtemps, toute petite fille, en entendant tous les jours ses chansons, les siennes ou les textes qu'il avait mis en musique, j'ai imaginé et cru à une île Saint-Louis voguant à la dérive, à un Saint-Germain-des-Prés réellement peuplé de poètes fantômes. Le boulevard Sébastopol fut longtemps pour moi un vieil homme accueillant qui enlevait le soir « *sa cravate et son col*[1] », un « Monsieur Tout-Blanc[2] » habitait Aubervilliers, Dieu était « nègre[3] » et les étangs toujours « chimériques[4] ».

Un ami, patron de cabaret, coparolier avec Léo de plusieurs chansons, Francis Claude, habitait ce même hôtel de la rue Royer-Collard. Il venait souvent se joindre à nous et me transportait sur son dos en hennissant. Nous partagions avec lui notre « pitance incertaine » dans la bonne humeur et dans les rires. C'est pourtant bien lui qui allait devenir peu de temps après le « Judas » de la chanson de Léo. « Écoute, ce que vient de composer Pouta », m'ordonna un jour ma mère, en m'installant cette fois face au piano sur lequel Léo, grimaçant, se mit à taper rageusement :

> *J't'en veux pas, mon vieil Iscariote,*
> *Tu m'as donné pour quelques ronds*
> *Sans dout' que t'avais tes raisons*[5]

1. « Mon Sébasto ».
2. « Monsieur Tout-Blanc ».
3. « Dieu est nègre ».
4. « L'Étang chimérique ».
5. « Judas ».

Francis Claude dirigeait à cette époque *Le Milord l'Arsouille*, un cabaret où se produisait Léo. Il l'avait brusquement remplacé un soir par sa maîtresse Michèle Arnaud. Léo, trahi amicalement et financièrement, se vengea, tout d'abord en écrivant cette chanson, puis en s'attaquant à la dame, qu'il traita harmonieusement dans la presse de « bidet chantant ».

L'histoire ne faisait que commencer.

Il avait bien les mots pour le dire, le verbe et l'invective faciles, la formule assassine, je m'en rendis compte à cette occasion pour la première fois, sans toutefois en mesurer encore toute la portée.

Je ne comprenais pas grand-chose, à cette chanson : « Maman, qu'est-ce que c'est qu'un "Judas" », « Pouta, qu'est-ce que ça veut dire "salamalec" ? ».

On ne prenait pas le temps de me répondre.

Léo n'a jamais rien eu d'un pédagogue. Ce que j'ai appris pendant toutes ces années avec lui, pendant mon enfance et mon adolescence, je l'ai pris au passage, presque volé.

Que de mots inconnus. Je n'osais la plupart du temps demander des explications, bêtement, par pudeur, par peur de montrer mon ignorance. Alors, quelquefois, je me renseignais, secrètement de préférence, auprès d'étrangers. D'autres fois, je me disais qu'il faudrait que je regarde dans un dictionnaire, mais comme le vocabulaire de mon Pouta ne figurait pas toujours dans *Le Petit Larousse*, loin de là, j'abandonnais par paresse, remettant à plus tard, pensant qu'en grandissant les réponses viendraient toutes seules. Ce ne fut pas toujours le cas.

Si Léo n'a jamais joué les professeurs avec moi, il m'a inconsciemment guidée, me faisant participer à ses réactions, si excessives soient-elles, me serrant dans ses bras, heureux quand il constatait que souvent je pensais comme lui. Petit à petit il me façonnait.

J'ai appris avec lui vers huit ans un vocabulaire inhabituel : « un peu de rouquin », proposait-il aux invités, avec un « petit frichti », il nous manque de la « thune », mais « la scoumoune est terminée ». J'avais du mal.

À la maison, selon une expression qu'il emploiera dans une chanson, on n'« *était pas l'Académie* [1] », et le vocabulaire qu'il transmettait à la petite écolière était assez grossier et répétitif. Mon apprentissage de la langue française laissait à désirer.

Léo lisait les dictionnaires, comme on lit le journal. Il aimait mélanger les mots les plus ésotériques aux expressions les plus crues.

Quand j'ouvrais la bouche ailleurs qu'à la maison, je jonglais en faisant bien attention à ne pas répéter aucun des « gros mots » employés quotidiennement, tout en choisissant quelquefois un mot « savant » tiré directement de ses chansons. J'étonnais mon monde.

Telle Alice au pays des merveilles, qui, s'enfonçant dans le terrier du lapin se demande en tombant dans le tunnel à quelle latitude et longitude elle doit être alors qu'elle ignore totalement la signification de ces deux termes – qu'elle trouve jolis –, j'étais comme elle, séduite par des mots, des expressions inconnues que j'utilisais sans en connaître le sens. L'une d'elles revenait régulièrement quand Léo voulait marquer son indignation : «Y a de quoi se l'extraire et se la mordre ! » « S'extraire quoi, Pouta ? Se mordre quoi ? », longtemps il ne m'a pas répondu. Il m'est arrivé, toute petite, devant des gens un peu ahuris, d'employer avec assurance et conviction cette exclamation étrange qui me plaisait, et faisait toujours un certain effet. « C'est de la merde dans un bas de soie ! » l'ai-je souvent entendu maugréer, face à un nouvel arrivant sans doute trop poli. Là, face à cette image plus précise, j'ai insisté pour comprendre, il m'expliqua, me parla de Bonaparte, de Talleyrand, et m'enseigna la méfiance.

Il me commentait Lavater [2], m'apprit toute petite le nom barbare de *physiognomonie*. Nous faisions d'amusantes expériences, souvent concluantes. Ses jugements étaient lapidaires, définitifs et s'achevaient la plupart du temps par un :

1. « C'est un air ».

2. Johann Kaspar Lavater (1741-1801), écrivain, théologien suisse, auteur de *L'Art de connaître les hommes par la physionomie*, 1775-1778.

« C'est un petit con ! », « Un sale mec ! ». Ce sera cette dernière expression qu'il emploiera, des années plus tard, quand, après la séparation d'avec ma mère, il apercevra au loin l'homme qui l'accompagnait. Il n'avait pas tort, puisque la personne en question, un de ses groupies qu'il ne connaissait pas, s'était accroché à l'ex-femme de Léo Ferré en détresse, pour essayer par ce biais de se rapprocher d'un milieu qu'il convoitait et d'en récolter des retombées financières.

Pour Léo, il existait un « délit de sale gueule », sans connotation raciale. Ses critères étaient à la fois très intimes et pseudo-scientifiques. Nous étions souvent d'accord, nous avions nos codes, c'était devenu un jeu très amusant.

Tout au long des dix-huit ans vécus ensemble, il m'a fait partager ses colères, ses indignations, en fixant en moi d'une manière définitive une certaine manière de penser.

« Annie, tu dois te rendre compte, Pouta est un génie », m'assénait régulièrement ma mère comme s'il s'était agi d'une évidence indiscutable. Pour moi, un génie sortait d'une bouteille, ou du moins c'était un extraterrestre, cela ne me semblait pas être le cas, quoique... Je me mis à regarder mon Pouta avec une certaine interrogation.

Ma petite mère, elle, avait une admiration inconditionnelle pour l'artiste, le créateur :

> *J'avais une façon un peu simpliste de lui certifier qu'il avait une case en plus et une case en moins, mais celle qu'il avait en plus me plongea toujours dans la plus fervente admiration et dans la plus absurde abnégation.*

Mais qu'il s'agisse de l'homme qu'elle adorait ou de l'œuvre qu'elle admirait, elle n'a jamais ménagé ses critiques. Trop passionnée et entière, elle n'était pas habile en amour, quoiqu'elle ait pu en penser. Pendant longtemps cette habileté féminine souvent si utile dans un couple fut superflue tant ils s'aimaient. Léo subjugué et admiratif ne cessait de répéter, leitmotiv que j'ai entendu durant toute ma jeunesse : « Madeleine a raison », il s'en remettait complètement à elle. Pendant leurs dix-huit ans de vie commune, elle n'a pas su avoir « ce minimum de sain égoïsme qui permet de survivre à l'ingratitude normale des siens » dont a parlé mon amie Benoîte Groult. En perdant Léo, elle a tout perdu. Elle survivra, désespérée, et mourra en prononçant son nom. Lui, Léo, dans sa vie d'après s'attaquera violemment aux femmes intelligentes, « cultivées [1] », à ces « pygmalionnes » moralement assassinées à qui souvent les hommes préfèrent sur le tard des femmes apparemment soumises et muettes.

Seuls les sous manquaient, ces fameuses « *fins de mois qui reviennent sept fois par semaine* [2] ». Les temps étaient difficiles, pour eux, pas pour moi. Je me rendais compte bien sûr que nous mangions toujours la même chose – j'ai été, comme Céline, élevée dans les nouilles, mais quelles nouilles ! accompagnées de rires, d'amour et... de sauce tomate.

Ils portaient toujours les mêmes vêtements, pas très nets, un peu râpés, j'avais peu de joujoux, mais, aimée de toutes parts, cela me suffisait totalement, comme c'est le cas pour tous les petits enfants.

Léo travaillait, jour et nuit courbé sur ses partitions.

T'en as ! Moi pas.
Quand j'en aurai [3]

Nous vivions d'amour, d'eau fraîche, de spaghettis et d'espoir. L'amour, « *ça pousse à la maison* », allait bientôt chanter Léo dans la chanson « Paris-Canaille », qui lui apportera un début de célébrité.

En attendant « d'en avoir », notre bonheur s'organisait. Le génie était dans la vie courante déjà un beau-papa adorable, doux, timide et tendre, n'hésitant pas à faire toutes sortes de pitreries pour faire rire et séduire une petite fille encore trop réservée à son goût.

1. Voir le documentaire *À bout portant*, interview de Pierre Wiehn, 1971.
2. « La Vie d'artiste ».
3. « T'en as ».

Déguisé en Père Noël, mais arrivé en retard chez mes grands-parents, ne pouvant plus faire croire qu'il était descendu par la cheminée, tout confus, vers minuit et demi, il avait sonné à la porte, le costume de travers, et, s'étant assis maladroitement sur une chaise pour me prendre sur ses genoux, il était tombé à la renverse, me laissant ainsi entre-apercevoir un vieux costume en velours élimé que je connaissais très bien.

Cette nuit-là, j'eus mes premiers doutes sur l'existence du Père Noël. Je garde encore le costume.

C'est tout naturellement que je me suis mise doucement à l'aimer, notre clan se soudait, c'était déjà « La Grande vie » :

Rentrer chez nous comm' des moineaux
P'têt' sans un sou mais comme il faut
Avec toujours dans un p'tit coin
Un coin d'amour qui valait bien
La grande vie que j'te dis

Dans mon hameau
D'la port' Maillot[1]*...*

Mes grands-parents quittèrent Maisons-Alfort et s'installèrent pour leur retraite dans une petite ville de la Nièvre, Cosne-sur-Loire. Léo et ma mère décidèrent de me prendre à plein-temps. Il devint urgent de nous rassembler ailleurs qu'à l'hôtel. La ville de Paris accepta de leur louer, au nom de mes grands-parents maternels, le couple n'étant pas solvable, une maison presque en ruine, porte Maillot, boulevard Pershing, n° 28. Nous étions, selon une formule administrative, que toute petite je ne cherchais pas à approfondir, en «zone insalubre». Ce devait être du provisoire. Il dura de longues et merveilleuses années. Dans des circonstances dramatiques, ma mère allait dans la plus complète solitude et détresse en être chassée en avril 1969, et être relogée dans une HLM, une ancienne caserne, n° 11, boulevard Lefèvre, bien plus insalubre.

Ce boulevard Pershing, cette porte Maillot, aujourd'hui en partie avalée par le palais des congrès et le périphérique, furent pour nous trois notre refuge et notre paradis.

À côté d'un porche aux pierres sales et croulantes, un café interlope que nous appelions le bistrot louait quelques chambres. Il ressemblait à un décor des films d'Audiard, lorsque des dames accueillantes, accoudées au zinc, tentent de discuter avec quelques clients face à un barman taiseux quoique attentif. C'était le Paris de Willy Ronis, de Robert Doisneau.

1. «Titi d'Paris».

De l'autre côté du porche, des odeurs d'essence s'échappaient d'un garage ouvert très tard dans la nuit. « [...] la bicoque est sordide [...] le passage qui mène à la cour, étayé comme une galerie de mine. J'y trouve une porte étroite, avec une plaque où un nom se devine à travers la crasse [1]... »

Notre maison paraissait sortir des *Portes de la nuit* [2]. Ses murs lépreux lui donnaient l'allure d'un taudis. Un assez grand taudis aux murs fissurés, sur deux étages. Sous nos fenêtres débouchait un bruyant souterrain. Au fond de la cour, un autre bâtiment du même acabit semblait prêt à s'écrouler. Quelques autres garages, recouverts de tôles ondulées reliaient les deux maisons et on pouvait, en prenant des risques, car les tôles étaient pourries, passer par les toits de l'une à l'autre. Maman et moi allions ainsi rendre quelquefois visite à nos laborieux voisins, un cordonnier et sa nombreuse famille, les Korsky, qui habitaient au fond de la cour et dont la lumière restait allumée toute la nuit, puis ce fut le tour des Merieult, couple et enfants, qui partagèrent avec nous ce petit coin de paradis. Un paradis fait de chaleur humaine, de solidarité, de rires, de problèmes d'argent partagés.

Dans mes faubourgs
Y a tant d'amour [3]

Les jours de pluie, tous les sans-abri des environs venaient se réfugier sous le porche. Véritable cour des Miracles, Resto du Cœur avant l'heure, c'est là que maman, le soir, leur distribuait nourriture et pinard. L'un d'eux, nous voyant un jour rentrer de promenade avec nos saint-bernard, lui confiera tristement, les yeux pleins d'envie : « J'aimerais bien être chien chez vous » – il habita quelques jours avec nous. L'histoire se répétera. Bernard Dimey [4] la racontera.

1. Maurice Chapelain, *Le Figaro littéraire*, 4 novembre 1961.
2. Film de Marcel Carné datant de 1946.
3. « Titi d'Paris ».
4. Bernard Dimey (1931-1981) poète, auteur de textes devenus des chansons : « Syracuse », « Mémère »...

Notre maison semblait être à la frontière de deux mondes : celui bien ordonné de l'avenue du Roule, de Neuilly où j'allais à l'école à pied en quelques minutes, et celui plutôt zonard du boulevard Pershing où je sillonnais très à l'aise entre les dames publiques et les clochards.

L'odeur même changeait : odeur fraîche de campagne du côté boisé de l'avenue du Roule, odeur de bitume et de pneus du garage *Magondo* qui jouxtait notre repaire. En face, la mystérieuse petite chapelle Saint-Ferdinand dominait les palissades branlantes qui entouraient l'ancien Luna Park, terrain de jeux, espace abandonné où nous pouvions sortir nos gros chiens. Luna Park qui devint ensuite un triste parking, puis le siège de l'actuel palais des congrès.

Avec mes petites copines de classe, tour à tour Robin des bois ou Ivanhoé, je grimpais aux arbres, y rencontrais dans la journée ces mêmes sans domicile fixe que je retrouvais le soir réfugiés sous le porche. Léo m'expliqua un jour, l'air rigolard et mystérieux, que Luna Park était, « avant », une grande fête foraine permanente. Je me souviens de sa réflexion étrange : il y avait, m'expliqua-t-il, des femmes qui venaient faire du toboggan et qui « exprès ne mettaient pas de culotte » (avec les culottes, je le compris par la suite, Léo avait un rapport paradoxal fait de fascination et d'irritation, invitation vers un monde mystérieux accompagné d'un « Défense d'entrer » intéressant à transgresser). Il me recommandera à cette occasion de ne pas utiliser de collants, mais plutôt des bas – j'avais six ans ! –; « *ces bas qui tiennent haut perchés*[1] ». Je ne comprenais absolument pas. Je me rappelle encore aujourd'hui m'être demandée du haut de mes six ans pourquoi ces dames agissaient ainsi. « Exprès ? » Pour montrer leur zizi ? Vaguement choquée, je pris cependant un air entendu : « Ah bon... » Je ne voulais surtout pas avoir l'air coincé, comprenant intuitivement que ce n'était pas le genre de la maison.

J'avais un handicap que ma mère me faisait régulièrement et maladroitement sentir, mon « vrai » père était un « bourgeois », et les bourgeois, c'est bien connu, se choquent facilement,

1. « C'est extra ».

contrairement à nous, les Ferré, qui sommes tellement plus intelligents et compréhensifs. Certes, mais pendant toutes ces années j'ai oscillé parfois douloureusement entre deux mondes, celui un peu – beaucoup – fou de ma mère et de Léo, « les artistes », « les anars », comme ils se dénommaient eux-mêmes, et celui de mon père beaucoup plus conventionnel, mais aussi tellement plus rassurant. Cet inconfort psychologique, cette cohabitation ont sans doute été enrichissants, car ils m'obligeaient sans cesse à me poser des questions, sans réponse la plupart du temps. Je me taisais, essayant de comprendre. Il m'était impossible de concilier ces deux univers tellement différents entre lesquels je me suis sentie souvent écartelée. « La bourgeoisie : "c'est dans la tête". L'anarchie : "un état d'âme" », tranchait Léo. Formules difficiles à analyser pour une petite fille. « Un bourgeois, c'est aussi, paraît-il, celui qui veut posséder », enchaînait-il, alors. Je peux vous l'affirmer, Léo était un vrai bourgeois ! Pas concrètement à cette époque puisque nous n'avions encore rien, mais plus tard, il saura très bien compter, calculer, amasser, acheter des viagers, posséder, même s'il professait que :

« Propriétaire, on loue toujours pour la vie », là, j'étais d'accord, il avait raison.

« La propriété c'est le vol », je ne comprenais plus.

« Le fric : c'est la liberté », il avait encore raison.

Toute mon adolescence a été martelée par des invectives contre les « cons », les « salauds », les impresarii ou intermédiaires de toutes sortes (« Il faut les tuer ! »), les éditeurs (synonyme de truands et de proxénètes), les femmes, les enfants, et épisodiquement les autres « chanteurs » qui rentraient d'ailleurs souvent dans les deux premières catégories.

L'enfant que je ne t'ai pas fait
Toujours un d'moins à s'emmerder
Dans la vie[1]*...*

1. « C'est la vie ».

C'était sans appel.

« Il est des jours où l'absence d'ogre se fait cruellement sentir », plaisantait Léo en citant Alphonse Allais. Aucune curiosité envers les enfants. Je faisais exception, dans une certaine mesure seulement. Il semblait ne faire aucune différence entre le monde des adultes et le mien. Aucun compartiment. J'étais censée tout comprendre. Il ne me conseilla jamais, ou si rarement, une lecture, un film, une musique. Il signait quelquefois mes cahiers de notes, les regardant à peine, sans conviction, sans conseil, sans critique, sans félicitations. Lorsque ma mère attirait son attention sur une note franchement mauvaise, il prenait alors mon parti et me déclarait plus intéressante que « ces cons de profs ».

Lorsqu'on le voit, sur une grande photo [1], penché sur moi au-dessus d'un livre ouvert, avec l'intitulé « Il aide sa fille Annie à faire ses devoirs », le journaliste qui écrivit cet article, fort sympathique, a quelque peu extrapolé, et je me souviens fort bien de cette mise en scène. Une de ses rares attitudes paternelles était celle, à chaque rentrée des classes, de recouvrir soigneusement mes livres, c'était un rite, il en redemandait ! Il s'appliquait, cela durait très longtemps, il lui fallait un matériel choisi, du beau papier, sinon l'artiste ne travaillait pas. Léo a toujours eu un côté artisan. Il aimait, admirait le travail manuel, aurait aimé dessiner comme... Léonard de Vinci. Je garde de lui de nombreux petits dessins enfantins qu'il m'a envoyés à quarante ans, en me précisant tout de même que « Léopouta est meilleur en musique qu'en dessin ! »

Lui qui, petit enfant, avait souffert de l'autorité de son père, se faisait une règle de n'en avoir aucune : « L'anarchie, c'est la négation de toute autorité », répétait-il, cela fait partie du respect, mot qu'il ne détestait pas. Il n'aimait pas imposer, n'aimait pas le mot « pouvoir ». Jamais il ne fit le moindre acte d'autorité envers moi si ce n'est vers dix ans, alors que je lisais *Le Journal de Mickey*, il décréta : « Je ne veux pas que ma fille

1. *La Semaine de Paris*, mars 1955.

devienne idiote» et du jour au lendemain, avec une réaction que j'ai jugée violente et inhabituelle, mon petit plaisir du jeudi matin me fut supprimé. Denise, jeune fille de l'Assistance publique qui nous avait rejoints dans notre antre pour aider maman, fut par la même occasion priée de ne plus acheter *Nous deux* et *Intimité*, ces «*illustrés à bonne d'enfants*[1]».

Bon. Si c'était là le prix à payer pour devenir intelligente.

L'intelligence, mot très important qui revenait sans cesse dans sa bouche. «Elle est intelligente, cette petite», j'étais comblée, mais, Bouvard ou Pécuchet en herbe, je ne cessais de me poser des questions : qu'est-ce que l'intelligence? D'accord, de l'autre côté il y avait la «connerie», terme tout autant employé, et même suremployé à la maison, mais c'était insuffisant, je voulais être à la hauteur, comment faire sans mode d'emploi? J'avais toujours peur de changer de camp, peut-être Léo me voyait-il avec les yeux de l'amour et se trompait-il sur moi? Quelle désillusion alors puisque cela paraissait tellement vital. Cette véritable obsession de l'intelligence a hanté une bonne partie de ma petite enfance, et me rendait silencieuse de peur de dire des «conneries».

Pourtant, il m'a valorisée, j'étais bien «dans son camp», dans la tribu, et, à l'adolescence, il se mit à écouter et même à réclamer mes avis. J'étais charmée en même temps que stupéfaite. En classe de philosophie, lorsqu'à l'occasion d'un devoir sur le temps, alors que je lui faisais part avec exaltation de mes commentaires assez simplistes, mais admiratifs sur Jankélévitch et Bergson, je compris à son sourire que je n'avais pas démérité à ses yeux. «Elle est intelligente, cette petite», la vie était belle! Lors d'une émission de Denise Glaser[2] en 1965, il reprendra ces mêmes termes en parlant de moi. C'était une chose entendue; tout allait bien.

Léo et ma mère continuaient à être en adoration l'un devant l'autre. Il semblait s'épanouir à vue d'œil, avoir oublié

1. «Vitrines».

2. *Discorama*, émission diffusée sur la RTF puis l'ORTF tous les dimanches midi de février 1959 à janvier 1975.

l'amertume de ses débuts difficiles. Il s'arrondissait, devenait de plus en plus souriant, souhaitait se marier, et, lors de notre installation boulevard Pershing, écrivait à sa future belle-mère de tendres et drôles lettres, vantant les talents de maîtresse de maison de sa femme adorée qui essayait de rendre notre Pershing accueillant tandis que lui, pauvre musicien, envisageait de se cacher sous le piano ou dans la cave pour pouvoir écrire tranquillement de la musique.

Au fur et à mesure des rentrées d'argent, ils achetèrent de sombres meubles un peu gothiques, « ç' a de la gueule », « c'est fantastique », « c'est sensass » (ce n'était pas encore « c'est extra »), se réjouissait Léo qui me parla à cette occasion de Victor Hugo en m'incitant à aller visiter à l'occasion Hauteville House.

Notre famille n'aurait pu être complète sans animaux.

Notre installation boulevard Pershing a coïncidé avec l'arrivée d'Arkel. Ce nom, Léo ne l'avait pas choisi au hasard : c'était celui du grand-père de Pelléas dans le drame de Maeterlinck, mis en musique par Debussy. Tout comme il choisira d'appeler Golaud notre leonberg. Le fils d'Arkel fut lui prénommé Egmont, référence cette fois à Beethoven. Jamais ni ma mère ni Léo ne cherchèrent à m'expliquer le pourquoi de ces choix. Quand nous eûmes une Folette, j'appris par hasard les références à la chienne de Beaumarchais, à Colette.

Notre premier saint-bernard était exposé dans la vitrine d'un chenil des Champs-Élysées. Il avait l'air si malheureux que Léo prit illico la décision de le sortir de là et me laissa en faction sur place, pour ne pas dire en gage, car il n'avait pas assez d'argent sur lui, et pas beaucoup plus à la maison. C'était un chien placide, mais qui savait défendre son os et qui aimera venir de lui-même sur la scène de l'*Olympia* en 1955 à la fin du tour de chant de Léo pour lui signifier, pendant les applaudissements, qu'il était temps d'en terminer et d'aller se promener. Canaille (cela s'imposait) devint sa compagne, rapidement mère de douze petits, si l'on peut dire, à qui nous tâchions de trouver des maîtres.

«Il faut les vendre, surtout ne pas les donner», nous avait appris un vétérinaire ami[1], ainsi «ils ont plus de valeur, c'est psychologique, on fait plus attention, on donne du prix à ce qui vous a coûté». Alors, pour être psychologues, ils laissaient des annonces pour les vendre chez les commerçants de la rue de Chartres, tout en faisant passer de véritables examens aux futurs acheteurs surpris et quelquefois vexés d'être ainsi décortiqués. Un boucher fut recalé au dernier moment lorsqu'il avoua sa profession. En attendant, à la maison on ne pouvait plus marcher, ils surgissaient de toutes parts... douze... on en coinçait sous les portes. Le père de Léo, venu nous rendre visite, hurlait en traitant son fils de fou. Je crus qu'il allait le battre lorsque Léo lui proposa de lui en donner un à ramener à Monaco dans son petit appartement de l'avenue Saint-Michel. Ma grand-mère, elle, se laissa convaincre et revint à Cosne avec une petite Elvire de trois mois et de bientôt quatre-vingts kilos.

Quelques-uns ne survécurent pas, deux moururent étouffés après avoir avalé quelques bouchons de liège qui traînaient. «Bon débarras!» jeta Ferré père exaspéré.

Des lueurs assassines passèrent dans les yeux du fils.

Nous en gardâmes un : Egmont, quant à Eurydice, Éros, Ésope et Épaminondas, ils furent bien placés, avec «psychologie». «Mais pourquoi ces noms?» ai-je demandé, prenant pour une fois le risque de paraître totalement inculte «Nous sommes dans l'année des E», fut la seule explication que je pus tirer de mes parents. Là encore, j'ai dû faire seule des recherches, mais c'était amusant. Je me mis à être très calée en mythologie.

Notre maison n'avait aucun confort, pas de salle de bains ni de douche, un seul point d'eau : la cuisine, qui servait absolument à tout.

1. Il évoque Vaugien dans le *Testament phonographe*, Plasma, 1980.

Je rentrais chaque nuit dans le désert Paris, dans cette brume des garages où reste un peu, le soir, après que les voitures sont passées, de cette odeur des temps modernes

[...]

Je rentrais chaque nuit dans cette maison douce où gouttait l'eau du robinet, dans cette cuisine un peu salle de bains, avec sa cuvette[1]

– Ces gouttes, je les entends, je les revois au bout de la tige usée du robinet que nous n'arrivions jamais à fermer –

Je vivais à ce moment avec une femme. Assez longtemps avec des problèmes de mouise, d'attentes au bout du téléphone qui ne sonnait jamais,

écrira Léo à cinquante-sept ans, en vomissant ce passé plein d'amour partagé dans cette « maison douce », en reniant les femmes, l'amour, le mariage, les amis.

Ni Dieu, ni maître, ni femme, ni amis, ni moi, ni eux et Basta !

et où il évoquera :

Une première femme : six ans de collage administratif,
Une deuxième femme : dix-huit ans de collage administratif.

La deuxième femme, c'était ma mère, celle devant laquelle il s'est mis régulièrement à genoux, devant moi, pendant dix-huit ans, pour lui exprimer sa confiance, son admiration, son amour.

Une vieille table dont le formica gardait les cicatrices de mes enfantines tentatives pour fabriquer du caramel, un frigidaire d'occasion, un chauffe-eau sans cesse en panne qui nous obligeait à « chauffer l'eau ». Notre cuisine faisait office de salle de

1. « Et... basta » ou « Basta », *idem* pour les trois citations suivantes.

bains, un lavabo-évier à multiples usages selon l'heure servait indifféremment à la toilette ou à la vaisselle, et coincés entre la cuisinière et la fenêtre aux rideaux transparents afin de laisser pénétrer un peu de lumière dans cette sombre pièce, un peu surélevés trônaient les W.-C. Quand il faisait nuit on n'allumait pas la lumière, ou alors, on prenait des risques. Les voisins, en face, amis discrets, devaient apprécier.

Chaque soir, dans cette cuisine, il y avait affluence lors de la préparation du dîner des bêtes et gens. Il n'était pas question d'avoir une quelconque « envie » entre sept et huit heures, sinon, il fallait lancer – c'était la formule – un sonore : « J'ai besoin de la cuisine ! » sous le regard réprobateur de maman. On était alors prié de faire très vite.

Notre décor : une salle à manger et un salon, qu'ils avaient eux-mêmes peints en rouge, leur couleur fétiche – j'ai vécu quinze ans dans le rouge et le mauve –, le piano à queue de Léo, deux fauteuils en cuir éculés, des moulages de leur visage, de leurs mains jointes, une fontaine électrique au bruit délicieux. Sur le piano, des partitions et, selon l'époque, des tourterelles, un hibou, au-dessous, des chiens, saint-bernard, leonberg ou tenerife.

Ma chambre, je devrais dire mon réduit, adossée au salon, devait mesurer à peine 8 m^2. Elle était peinte en rouge. Qui a prétendu qu'il ne fallait pas mettre de rouge dans une chambre d'enfant ? La mienne était rouge sang.

Après le dîner, souvent, maman, tragédienne dans l'âme, venait m'y réciter des vers de Racine, et les imprécations d'Hermione – « Je ne t'ai pas aimé, cruel » – ou les pleurs de Bérénice se mêlaient aux toutes nouvelles musiques du « Piano du pauvre » ou de « Paris-Canaille ».

Denise, exclusivement au service des chiens, faisait partie de notre petite famille. « Une nurse pour animaux », écriront des journalistes avec un soupçon de moquerie. Handicapée de la hanche, claudiquant, mais avec une assurance certaine, elle partait promener nos trois molosses de dix heures à midi et de trois à six heures au bois de Boulogne tout proche. Selon le temps, elle se contentait du « premier », du « deuxième » ou du

« troisième » bois. Nous comptions ainsi à partir d'un salon de thé *L'Orée du Bois*. En rentrant de l'école, je courais la rejoindre pour enfourcher Arkel tel un poney.

Un jour, un homme surgit de derrière un arbre et s'approcha nu sous un imperméable qu'il ouvrit devant moi, je ne vis pas grand-chose si ce n'est une petite ombre grisâtre.

– Pourquoi il fait ça, Denise ?

– Demande à tes parents, fut sa réponse embarrassée.

– Tu as vu sa quéquette ? me répondirent-ils en chœur, goguenards, pas du tout inquiets et encore moins choqués.

– C'est un exhibitionniste, commenta Léo.

– Un quoi ? Qu'est-ce que ça veut dire ?

Le téléphone sonna, une fois de plus je n'eus pas d'explication. Le lendemain, Léo vint à ma rencontre en courant, faisant le clown en secouant son imperméable.

Ce jour-là, je pris un dictionnaire.

Ce Jardin d'acclimatation où mon « vrai » père me fit faire un tour sur la Rivière enchantée, où Léo, dès qu'il le sut, m'emmena à son tour ; ce bois de Boulogne, avec mes souvenirs de l'hiver 1954, lorsque, soutenue par mon Pouta, j'apprenais à patiner sur la petite rivière gelée qui serpentait à travers les arbres : ce bois de Boulogne reste à jamais le souvenir même du bonheur.

Pour faire comme mes petites amies de classe, la question n'intéressant absolument personne à la maison, j'avais demandé à aller au catéchisme. C'était un acte téméraire de ma part, car si Léo avait bien été enfant de chœur, son enfance dans le collège religieux de Bordighera ne lui avait pas laissé de bons souvenirs, c'est le moins que l'on puisse écrire. Il m'avait déjà chanté « Monsieur Tout-Blanc », « L'Opéra du ciel ». Une fois de plus sans bien comprendre, je ne me sentais pas tout à fait en terrain favorable. Guère encouragée, c'est un euphémisme, j'eus droit à un définitif « Arrête ces conneries ! Je vais t'acheter un vélo ». Il savait que j'en avais envie. Mon éducation religieuse s'arrêta définitivement ce jour-là.

Je fus surprise quand j'ai appris comment s'était déroulé l'enterrement de Léo en présence d'un prêtre. Nombreux sont les vieux copains anarchistes qui pensent comme moi. La sœur de Léo, « Lulu », catholique très pratiquante, y fut sans doute pour beaucoup. Dédaignée par son frère de son vivant, du moins pendant dix-huit ans, elle fut présente à son enterrement. Il est vrai que l'histoire fourmille d'exemples de « conversions » *in extremis*, et l'on m'a rapporté que dans les dernières années de sa vie Léo avait énormément changé.

Pourtant, des souvenirs assez précis, des confidences [1], certains textes m'incitent à penser qu'il n'aurait pas tellement été d'accord :

Et puis l'curé qui fait la manche
Avec son pot' dies irae
Y'a pas qu'au guignol qu'y'a des planches
Y en a aussi dans ces coins-là [2]

Il n'hésitait pas à pratiquer avec moi une forme de chantage affectueux, mais chantage tout de même, pour influencer, sans en avoir l'air, ma vie intime : une bicyclette pour ne pas faire ma première communion, une belle voiture pour abandonner un flirt.

Il m'avait proposé de m'acheter une R5 si je réussissais « du premier coup » mes deux bacs. Ce fut le cas. Il m'acheta une Triumph en rajoutant, péremptoire : « Ne vois plus ce mec. » Il ne supportait pas que je lui échappe si peu que ce soit. Ce marchandage m'avait choquée et n'avait eu aucun effet sur la conduite de ma vie sentimentale. Secrètement, j'emmenai mon soupirant faire des tours dans ma Spitfire.

Annie est très intuitive, sauf quand il s'agit de ses problèmes de femme. Alors elle nage et me demande le secret de la manœuvre. Elle a très confiance en moi et en sa mère. Souvent à son propos, j'ai l'inquiétude du chef, la seule qui compte pour un homme, celle de se tromper. Il est difficile d'élever un enfant car on ne sait jamais quand il cesse d'être un enfant [3].

1. Entre autres choses il aimait traiter Pascal de « fameux dégonflé qui mettait tous les paris de son côté ».
2. « Les Retraités ».
3. Présentation du disque *Léo Ferré*, Barclay, 80 185, 1962.

À un journaliste qui l'interrogera plus tard sur les conseils qu'il donnait à sa fille de seize ans, il répondit :

> *Elle ne sait pas ce qu'elle veut faire. Je ne lui demande pas. On ne dit jamais à son père, à seize ans ce que l'on ressent profondément*[1].

S'il recueillait quelquefois mes confidences, il n'admettra jamais que je puisse m'intéresser à un autre homme que lui, et cela quel que fût l'homme en question, à quelque moment que ce fût de nos dix-huit ans passés ensemble.

Une seule fois je reçus de lui un courrier plutôt sympathique sur ma vie amoureuse. Il signait «Ton Pouta» en m'assurant de son indéfectible tendresse «ancienne et vraie» tout en me conseillant, pour protéger mes amours, de m'adresser à un «démon-gardien plutôt qu'à un ange», et il dissertait sur l'amour en l'absence de l'être aimé.

Ses conseils sur ma vie amoureuse, la plupart du temps, se résumaient à apprendre à «dire non aux mecs» qui sont des «prédateurs tous prêts à profiter de ton innocence». Il m'apprit le refus. «Sinon t'es marron», rajoutait-il.

J'ai quelquefois suivi son conseil avec succès... pour mieux séduire.

La vie boulevard Pershing n'était pas morne.

Léo, lorsqu'il avait aimablement qualifié la maîtresse de Francis Claude de «bidet chantant», et autres appareils sanitaires, l'avait proclamé publiquement. Le mari de la chanteuse apprit la chose. Une bonne âme lui ayant raconté en quels termes Léo parlait de sa moitié, le croyant de plus complice de son infortune, il menaça très fort, toujours devant d'autres bonnes âmes, de «faire la peau à Léo Ferré». Cela arriva assez

1. Pierre Guenin, «Le Jeu de la vérité» in *Cinémonde*, 15 novembre 1960.

vite à nos oreilles. « Pouta, qu'est-ce que cela veut dire "faire la peau" ? » Silence gêné de l'intéressé. « Cela veut dire : descendre, tuer », m'expliqua calmement ma mère comme s'il s'était agi d'une simple formalité. La maison fut tout de même assez secouée et ma grand-mère conviée à venir s'installer quelques jours avec nous, afin que, en cas d'absence des intéressés, je ne reste pas seule face à un assassin en puissance. Terrorisée à l'idée de retrouver mon Pouta baignant dans son sang, je rentrais chaque jour de l'école les jambes tremblantes.

Une fin d'après-midi, un homme à l'air menaçant s'approcha sous le porche, une main dans la poche faisant apparaître une grosseur, qui pour moi, vu le contexte, ne pouvait être que l'arme fatale. Je me mis à hurler en appelant au secours. L'homme étonné me regarda en sortant des clefs avant de s'engouffrer face à notre porte, dans un petit couloir qui donnait accès à quelques chambres du bistrot. Je fus embrassée, câlinée, jugée un peu trop nerveuse. Quelque temps après, toujours en rentrant de l'école, je trouvai la maison étrangement silencieuse, ma grand-mère livide, Pouta itou, mais de maman point. « Elle se repose », murmura Léo peu convaincant. Je courus dans la chambre et découvris ma mère étendue sur le lit, le visage tuméfié. Le mari en question était bien venu pour « casser la gueule à Léo », il avait sonné, bousculé ma grand-mère, avait voulu se jeter sur l'artiste, maman s'étant interposée pour défendre son homme, ce fut elle qui reçut le coup de poing. Cet épisode est représentatif de ce que fut leur vie.

Léo écrivit alors une longue et sarcastique lettre au mari frappeur, dont le nom fut pour moi pendant longtemps synonyme d'une absolue terreur, il y parlait de calomnie, d'amitié trahie, en faisant des comparaisons humoristiques entre les qualités vocales de la chanteuse et de sa propre femme Madeleine.

Il n'y eut plus de suite.

Pour la première fois, et ce ne sera pas la dernière, je me rappelle avoir été choquée par la manière dont Léo parlait de

Michèle Arnaud, d'une femme qui sans rancune apparemment continuera à interpréter ses chansons avec talent, et courage quand elle entamait une chanson antimilitariste, « Regardez-les[1] », devant un public choqué, souvent réprobateur.

Pendant toutes les années près de lui, j'ai pu constater qu'il n'épargnait aucune femme, aucune interprète, ses critiques étaient cruelles, quelquefois en public, mais surtout dans l'intimité. J'ai les noms. Je ne les donnerai pas. Les intéressées – enfin celles qui sont toujours en vie – seraient sans doute les premières surprises.

Une seule échappera toujours à sa vindicte : Catherine Sauvage. Véritable amie du couple, amie de chacun d'eux d'une manière différente : de Léo dont elle admirait le talent et qu'elle aida en contribuant à lui donner confiance dans ses textes, amie de ma mère dont elle admirait la générosité et le courage, mon amie dans la dernière période de sa vie quand elle me recevait à Bry-sur-Marne, peu de temps avant de mourir, alors qu'elle ne se faisait plus aucune illusion sur la vie en général et sur la sienne en particulier.

« Tu devrais écrire » me disait-elle.

Ma mémoire est faite de chansons

Les chansons de Léo, je les ai vues naître, au jour le jour, je devrais dire plutôt nuit après nuit. De mon lit, à quelques mètres du piano, je les ai entendues, être essayées, abandonnées, reprises, transformées. J'en étais saoulée, je m'endormais avec elles, et souvent, comme les leçons que l'on apprend le soir, je les connaissais par cœur en me réveillant.

Pour toi, ma chérie, les musiques que tu as si souvent entendues dans le silence de Pershing. Ton Pouta[2]

1. « Regardez-les ».
2. Sa dédicace du disque *Verlaine Rimbaud*, 1964.

Ma chambre fut ensuite installée au grenier, pas un grenier mansardé plein de charme tels ceux des revues de décoration, mais plutôt une sorte de prison sans chauffage, avec une minuscule lucarne qui laissait passer l'eau et le vent. De ce temps-là doivent dater mes envies d'une maison «bourgeoise» bien chauffée, avec des fenêtres qui ferment, une envie de sécurité, de confort. En rentrant de classe, je grimpais au dernier étage et, prétextant un petit moment de repos à prendre avant de commencer mes devoirs, j'écoutais *Salut les Copains* [1], en cachette, allongée sur le lit, un transistor dissimulé sous la couverture. J'entendais régulièrement chaque jour la voix de Léo : «Annie est rentrée?» Alors je baissais encore plus la radio. Je ne voulais pas être prise en flagrant délit d'écouter ce qu'il aurait jugé, je le croyais, n'être que des «conneries». Effectivement, c'est ce qu'il pensait souvent, mais il aimait les Beatles, et ne détestait pas les voix de Françoise Hardy et de Sheila.

J'avais plus de place là-haut, mais le son du piano omniprésent la nuit, s'il me berçait souvent, et si je le regrette ô combien aujourd'hui, me rendait hargneuse les veilles d'examens, alors je descendais, agressive :

– C'est bientôt fini, Pouta?

– J'arrête, ma chérie.

Il arrivait à Léo de me montrer ce qu'il avait écrit, ou plutôt gribouillé, ses premiers jets, alors moi, avec à la fois beaucoup de timidité et un désir enfantin de lui être utile, j'annotais ses feuilles d'un «B» ou d'un «TB» dans la marge. Quand je ne comprenais pas (souvent) ou quand je n'arrivais vraiment pas à déchiffrer son écriture (quelquefois), je passais. Mais cela faisait tellement plaisir à mon Pouta que je m'intéresse à lui! J'ai retrouvé mes «TB» et «B» dans les marges du manuscrit du «Jazz Band», j'avais tout de même déjà quatorze ans.

«C'est elle mon premier public», avait-il coutume de dire en me désignant.

«Ça va marcher», affirmait catégoriquement maman. Elle

1. Émission radiophonique de variétés diffusée de 1959 à 1968 sur Europe 1.

ne se trompait jamais, prenait les textes, les lisait à voix haute, les corrigeait, se les faisait chanter par Léo, puis c'était à mon tour, j'étais alors réquisitionnée : «Annie, viens écouter Pouta!»

C'était de la plaisanterie, la chanson en question, je l'avais entendue toute la nuit. J'obtempérais, il allait de soi que je comprenais tout, les mots comme les idées. Son premier public se devait d'être sincère, même sévère. J'avoue quelquefois avoir fait semblant de comprendre.

C'est ainsi qu'un soir j'ouvrai toutes grandes mes oreilles pour écouter Léo me chanter «Vitrines», je dis bien, j'écoutais, car, pour comprendre, à six ans, c'était autre chose.

Qu'est-ce qu'un *jambon d'York*? Je devinais : un jambon luxueux, pour les riches, pas pour nous.

Des falbalas pour la comtesse
Des band's en soie pour pas qu'ça blesse [1]

J'ai réussi à me faire expliquer la signification de «falbalas», «bandes en soie». Très pudique, je n'insistai pas. Peut-être avais-je la prescience de l'intérêt de Léo pour ces «*bandes à cul*» comme il les appellera plus tard [2]. Cette chanson que je connaissais par cœur à huit ans, sans comprendre la moitié des paroles, reste l'une de mes préférées aujourd'hui encore. Que de mots inconnus, que d'expressions étranges, Léo chantait vite, sur un ton tellement saccadé, tellement agressif... mais j'aimais.

Ma mère admirait et réclamait de moi la démonstration de ma propre admiration. Léo semblait attendre. Je ne voulais pas les décevoir. Je réagissais, restant toutefois modérée en lançant un sobre et professoral : «C'est bien, Pouta.» Il semblait content. Il connaissait mon goût pour la litote.

Ils se marièrent en grande intimité en avril 1952, le plus bourgeoisement du monde à Monaco. Je ne fus pas du voyage.

1. «Vitrines».
2. «Le Chien».

C'est à cette époque que Léo découvrit la Bretagne. Mes grands-parents maternels avaient loué un été une maison dans le Finistère Nord, à Guimaëc. Ils avaient ensuite trouvé une pension-auberge à quelques kilomètres de là. La propriétaire, une vieille Bretonne, y louait des chambres qui furent partagées entre une sympathique famille Le Goff, un couple, trois fils, et la petite tribu Rabereau, cousins et cousines.

Léo et maman vinrent quelques jours camper tout à côté sur la falaise, près de Beg an Fry, où toute notre petite bande les rejoignait pour s'y baigner en chantant «La Paimpolaise [1]». Un soir d'orage, ils se réfugièrent à l'auberge où nous étions déjà bien entassés, les femmes d'un côté, les hommes de l'autre. C'est ainsi que Léo partagea le lit de François Besland, cousin germain de maman. Il s'en souvient encore : «J'ai couché avec Léo Ferré!» raconte-t-il encore, assez fier, en riant.

Il y a peu, à l'occasion d'un pèlerinage dans mes souvenirs, j'y retournai. Je fus très surprise, lorsque, en toute bonne foi, du moins je voudrais le croire, les nouveaux propriétaires me racontèrent que leur vendeur avait affirmé que Léo Ferré y avait logé régulièrement, y passait ses vacances, d'ailleurs, depuis, la place devant le café n'a-t-elle pas été baptisée «place Léo-Ferré»? Voilà bien une preuve.

C'est un détail sans doute, mais c'est en vain que j'ai tenté d'expliquer qu'il y avait couché une nuit, peut-être deux, un seul été... peu importe. Avec l'aide de mes cousins et cousines, j'ai tout de même vérifié mes souvenirs, plus par inquiétude sur le bon fonctionnement de ma mémoire que pour ce détail sans importance, j'ai été rassurée sur le premier point, mais triste de constater une fois de plus qu'on réécrivait le passé, le sien, qui fut longtemps le mien auquel, malgré tout, je reste attachée, si anecdotique soit-il.

1. Chanson de Théodore Botrel, 1895.

C'était extra

L'été 1952, nous partîmes faire du camping dans les Alpes, près du village de Bessans dans le parc de la Vanoise. Notre minuscule tente plantée dans un champ à la sortie du village, notre équipement réduit au minimum avec l'éternel réchaud, quelques casseroles cabossées, Léo et ma mère, à tour de rôle, allaient laver la vaisselle dans le torrent tout proche en refaisant le monde. Léo écrivait puis lisait à sa femme ce qu'il avait écrit. C'étaient alors des discussions sans fin qui se terminaient toujours par des démonstrations de satisfaction et d'admiration réciproques dont je m'extrayais, plongée dans *Tintin*. Je les jugeais un peu trop excessifs peut-être, mais bon, comme d'habitude, je ne comprenais pas tout.

Léo qui a toujours proclamé ne pas aimer le jeu, pour s'opposer sans doute à son père, croupier au casino de Monte-Carlo (avant de devenir chef du personnel de la Société des bains de mer), appréciait nos longues parties de Monopoly sous la tente. Il ne gagnait pas souvent. Très prudent avec ses sous, il n'achetait pas de « maisons », encore moins d'« hôtels », mais « tombait » régulièrement sur « Champs-Élysées » ou « Rue de la Paix ». Il n'avait pas de chance avec l'argent, à cette époque, même au Monopoly.

Nos repas, à l'heure des poules, ne variaient guère : spaghettis toujours et encore. Puis, cela recommençait, explications de texte, critiques, cris, congratulations et embrassades.

Je m'endormais bien au chaud dans mon duvet, odeurs de chiens mouillés et de Celtique, parmi les rires de mes parents. Ce ne sont pour moi que souvenirs de bonheur, comme ce chemin du même nom où nous allions faire courir nos toutous.

Pour aider ma mère, et lui faire une surprise, il décida un jour de se charger de leur préparer personnellement leur soupe, il y mit tout son savoir-faire et tout le beurre qui nous restait. C'était une denrée rare, ma mère se mit en colère. Je reverrai toujours notre pauvre Léo, croulant sous les reproches, s'enfuir en chaussettes trouées, crier pour se défendre « Pour un tout petit bout de beurre ! Pour un tout petit bout de beurre ! » et revenir tout penaud en essayant de nous convertir à d'hypothétiques spaghettis à l'huile. Nous évoquâmes en riant cet épisode pendant des années, lorsque le beurre ne fut plus, et de loin, un problème pour nous.

Léo révisa ses opinions sur le camping sauvage lorsque nous apprîmes le crime de Lurs, le meurtre des Drummonds, l'implication de la famille Dominici dont la Grande-Terre n'était pas très éloignée de notre base. Nous primes alors de l'altitude. Une chaleureuse famille d'origine italienne, les Pautas, qui tenait l'épicerie de Bessans, accepta de nous louer un petit chalet d'alpage à 2500 mètres d'altitude : une pièce, trois litières avec de la paille fraîche.

Nous pouvions nous procurer lait, beurre et boudin à quatre kilomètres un peu plus haut encore dans la montagne, dans un autre chalet d'alpage que les fermiers habitaient l'été pour surveiller leurs vaches en transhumance. Léo, toujours prêt à utiliser ses connaissances en droit avait concocté un bail, avec timbre fiscal totalement superflu, qu'il rédigea lui-même très doctement et fit signer à Célestin Pautas le 10 août 1953. On n'est jamais assez méfiant.

Pour accéder à notre nid, il fallait grimper pendant plus de trois heures un étroit et abrupt sentier, à pic dans la montagne. Avec nos sacs à dos bourrés des produits de première nécessité, nous traversions des champs d'edelweiss en évitant les pierres trop ensoleillées où sommeillaient les vipères. L'épreuve était rude. « C'est le Golgotha ! » râlait Léo, suant, bronzé et heureux.

Un jour revenant de Modane, fiers d'avoir pu acheter deux splendides et volumineux duvets – la paille de nos litières nous grattait décidément trop –, pliant sous le poid de notre ravitaillement habituel, nous partîmes trop tard. La nuit tomba, seul le bruit du torrent dans la nuit nous guidait; nous ne pûmes retrouver notre chalet. Maman m'enveloppa dans l'un des duvets puis ils s'aperçurent qu'Arkel tremblait de froid, saint-bernard frileux et citadin, ce fut lui qui occupa l'autre, et tandis que je m'endormais en regardant dans le ciel ce « *bleu fouillis de claires étoiles*[1] » – je contemplais pour la première fois des étoiles filantes. J'entendais Léo et ma mère chanter à tue-tête puis faire l'amour, sans doute pour se réchauffer. Lorsque le jour parut, nous vîmes le chalet à quelques mètres.

J'appris à traire les vaches et les chèvres en compagnie des deux fils de nos propriétaires qui avaient à peu près mon âge, je prenais avec eux, à six heures, autour de la grande table de ferme un goûter aux gigantesques tartines puis, chargée de lait, de pain et de beurre, la nuit tombante, dans l'obscurité et le brouillard, les pieds dans un petit ruisseau pour ne pas perdre mon chemin, je rejoignais notre chalet. Le ruisseau me conduisait à un torrent qu'il fallait traverser sur une planche branlante et la plupart du temps Léo, inquiet, venait à ma rencontre dans le noir. J'entendais de loin sa voix qui m'appelait, je distinguais la lueur de sa torche, il me prenait par la main et nous n'étions pleinement rassurés que lorsque nous pouvions apercevoir au loin la lumière de la bougie qui éclairait l'unique pièce où maman préparait le dîner.

Le soir, cela recommençait. Le nez dans la paille, je les entendais travailler ensemble, se lire leurs textes respectifs, se complimenter ou s'engueuler. Là, j'avais un peu peur, car les menacer de m'enfuir dans la montagne s'ils n'arrêtaient pas immédiatement pouvait mal tourner.

Notre solitude était complète et bienheureuse. «Y a du monde ! Y a un con là-haut ! » hurla Pouta en apercevant un jour un alpiniste très loin près des sommets enneigés. Le reste

1. « Art poétique ».

du temps se passait en promenades parmi les vigilantes et peureuses marmottes, les chamois, les aigles et les moutons en transhumance à qui nous apportions du sel.

Léo eut l'une des peurs de sa vie quand une vache, un peu plus bas dans la montagne, ayant pu profiter de cette manne salée, appela toutes ses copines qui accoururent ventre à terre – c'est une expression – pour être de la fête. Il prit alors ses jambes à son cou en hurlant, devant le troupeau entier qui fonçait sur lui. Nous nous chauffions grâce aux bouses sèches que nous détachions avec un habile coup de pied et buvions l'eau d'un ruisselet qui descendait des glaciers tout proches. Un matin, il fut à sec, je vis Léo gesticuler, encouragé par ma petite mère, les mains sur les hanches, signe chez elle de grande perplexité. L'heure était grave. Les habitants provisoires d'un autre chalet d'alpage au-dessus du nôtre avaient dévié son cours. La situation devenait pagnolesque. S'ensuivit une expédition de commando nocturne agrémentée de menaces de Léo qui clamait devant son public, c'est-à-dire maman, Denise, les chiens et moi : «Je vais leur casser la gueule.» Lui qui n'a jamais cassé la gueule à quiconque. Terrorisée, une fois de plus, j'imaginais le pire. Nous avions échappé en bas aux Dominici, mais là-haut, un jour lointain, on retrouvera nos corps gelés, dépecés par les aigles.

Nous retournâmes plusieurs années dans notre refuge, avec à chaque fois le même bonheur.

Dans son recueil *Poète... Vos papiers !*, un poème qu'il intitulera «Madeleine» – parut sous ce titre dans les premières éditions, avant d'être remplacé ensuite par celui plus anonyme de «Rappelle-toi» – évoque cette période de sa vie, de nos vacances dans les Alpes :

Rappelle-toi
Cette neige de nuit avec mes cheveux gris

Ma mère et moi, nous nous sommes longtemps rappelé...

De très nombreuses lettres de Léo adressées à mes grands-parents maternels témoignent de ces années bonheur. Ce sont des chefs-d'œuvre de drôleries, écrites dans un style éblouissant. Il y décrit avec humour notre quotidien, notre solitude, son amour pour sa femme et sa « fille », en signant tour à tour « Léopouta » ou « Pouta-le-Coupeur-de-Tête » quand il se transformait en « merlan d'occasion ».

Ces courriers restituent précisément notre bonheur de vivre, le climat affectif dans lequel nous vivions au milieu d'embrassades, d'amour et de gaieté.

D'une tendresse infinie avec moi, Léo me voulait près de lui, se plaignait de mon absence quand je restais un peu trop longtemps chez mes grands-parents, alors « Pouta 1er, l'Unique, le Caïd, qui m'adorait » conseillait à « sa merveilleuse petite biche de ne pas lire trop de conneries... ».

Une mauvaise nouvelle vint cependant refroidir notre bonheur. En mai 1952, il reçut une lettre du comité de la musique de la Radiodiffusion française qui, après la Scala de Milan, lui refusa l'inscription à ses programmes de son opéra *La Vie d'Artiste*. Opéra en trois actes et sept tableaux. Il était prié de passer rechercher au plus vite livret et partitions.

Ma mère eut bien de la peine à consoler son mari, elle lui promit un jour une revanche. Je me souviens de la tristesse qui pendant plusieurs jours s'abattit boulevard Pershing.

Léo redevint un homme gai. Il faisait constamment le clown. À Paris, les cheveux trop longs, cachant un avant-bras dans sa manche, laissant traîner une jambe folle, le visage déformé par d'affreuses grimaces, il s'accrochait à mon bras sur les Champs-Élysées, l'air hagard. Les passants le regardaient à la fois horrifiés et compatissants. J'avais honte, je me détachais en faisant semblant de ne pas le connaître, il m'appelait alors très fort, en redoublant ses pitreries.

Il avait pu vers cette époque, nous avions trois énormes

chiens à transporter, acheter une grosse américaine, une DeSoto. L'intérêt de Léo pour les voitures était très banalement masculin. Pour la couleur, c'était autre chose : « Il faut qu'on te voie venir de loin pour éviter un accident. » Il me parlera de James Dean qui s'était tué avec une Porsche grise en 1955 ; fin 1966 il m'en achètera une, rouge. « Celle que tu veux, une neuve, je ne veux pas t'acheter une voiture d'occasion, il peut y avoir des vices cachés, une Porsche, c'est ce que tu veux ? pourquoi pas ! » En ajoutant seulement et sobrement : « C'est une voiture qui a des reprises, c'est important pour éviter les accidents lors des dépassements. »

« Profite, ma chérie », me disait-il, en attendant le « plus jamais ».

Les voyages en voiture
Au volant d'un' romance
Les parfums les fourrures
Pour pas qu's'enrhum' la chance
Maintenant[1]

« Pouta est généreux », enchaînait ma mère. Il l'était. Très.

Souvent on lui fit de méchantes remarques sur ses voitures, lui, « l'anarchiste à la Rolls » – sur ce point, une fois pour toutes, Léo n'eut jamais de Rolls. Quelques belles grosses voitures, oui. Une Ferrari, éphémère fantasme qu'il put assouvir dans les sombres années lotoises. Comme un enfant fier de son jouet, il me poussait à l'utiliser. Mon père, qui suivait d'assez loin l'apprentissage de la vie de sa fille, était atterré, quelle éducation, de quoi devenir prétentieuse, mais, un soir, je le surpris à regarder mon bolide avec une envie enfantine et il ne refusa pas d'en prendre le volant.

1. « Plus jamais ».

« La Chanson du Mal-Aimé [1] »

Dans la salle du cabaret *L'Arlequin*, où passaient en première partie Francis Blanche et Pierre Dac, cette nuit de décembre 1953, le prince de Monaco put applaudir un de ses sujets. Ma mère raconta l'événement et ce qui s'ensuivit.

Hier soir, incognito, avec deux camarades, le Prince de Monaco est venu à L'Arlequin *écouter Léo, il a applaudi à tour de bras. Léo qui était déjà sur scène quand il est arrivé ne l'a reconnu qu'au milieu de son tour et ce à cause de la chaleur de ses applaudissements et parce que sa table criait « Bravo », ce qui est inhabituel. Inutile de dire que j'avais mon petit plan.*

Léo voulait s'en aller sans même aller à sa table, alors que de toute évidence il n'était venu que pour lui. J'ai attendu la fin du spectacle et pendant ce temps j'ai fait la morale à Léo, lui disant que ce n'était pas la peine d'écrire de la musique s'il ne faisait jamais rien pour la faire jouer, etc. Les seuls arguments qui portent. Donc, le spectacle terminé, Léo a été à sa table, pour le remercier d'être venu et, il s'en est suivi une conversation très cordiale, le Prince s'est même levé pour le saluer, ce qu'il n'avait pas à faire. Vu la situation, comme on dit, il lui a demandé de lui donner le disque de « Paris-Canaille » et pour terminer Léo s'est jeté à l'eau et lui a demandé un entretien particulier. Rainier

1. Guillaume Apollinaire, *Alcool*, *op. cit.*

sans hésiter lui a dit : demain à midi, chez moi, 9 avenue du Maréchal-Maunoury. Donc aujourd'hui.

Nous avons traversé une grande crise de cafard, le mois dernier, L'Oratorio du Mal-Aimé *ayant été refusé, comme auparavant l'opéra, par ce même Comité de lecture composé de petits baveux et médiocres, illustres inconnus tout-puissants sous le manteau qui ne peuvent souffrir même que Léo existe. La directrice de France Inter, Mella, ne peut rien, parce que on ne peut rien contre « les comités de lecture et leurs décisions anonymes », mais a réconforté Léo. Les choses en sont là ; et le pauvre Léo l'a mauvaise au fond du cœur.*

Bref, à midi, sur son trente et un, et abreuvé de mes conseils nocturnes, c'est-à-dire de s'ouvrir en toute simplicité, lui dire qu'il ne venait pas quémander, mais demander, lui raconter toutes les injustices et les rancœurs qu'il doit avaler (nous avons trouvé des phrases sensationnelles), mon Léo, manuscrit sous le bras est allé chez son prince, gonflé à bloc. Il est revenu à deux heures et m'a rapporté, les larmes aux yeux et j'avoue qu'il y a de quoi, la conversation plus qu'amicale qu'il a eue avec lui.

Dans son appartement privé, grandes pièces, avec un bar en forme de bateau (dixit Léo), il lui a ouvert la porte, il lui a offert un whisky qu'il a servi lui-même.

*Léo s'est expliqué. « Les portes de la musique me sont fermées, je comprends maintenant qu'elles le seront à jamais si vous ne me les ouvrez pas, c'est ce que je viens vous demander, et puisque vous me dites que vous aimez mes chansons, je vous dis que je les donnerais toutes pour entendre une seule page de ma musique. Wagner a eu son Louis II de Bavière, je vous demande d'être mon Rainier de Monaco. » Ensuite il lui a raconté ses échecs, ses refus, qu'il ne saurait jamais être le poulain de personne, que ce métier était un panier de crabes. (Censure sur ce qu'a dit Rainier, que Mme X – chanteuse lyrique – l'emmerdait, qu'il voulait créer des opérettes mais pas du Lopez.) Pour clore le tout, il vient à la maison écouter au piano l'*Oratorio *accompagné du prochain directeur de la* SBM *un certain monsieur Pez de ses amis. Plusieurs fois, et alors que Léo n'en parlait plus, il lui a demandé des précisions sur le matériel* *qu'il lui faudrait, le temps, les décors. « Nous monterons cela le 14 novembre pour ma fête, soyez tranquille, je ne montrerai pas vos manuscrits au Comité. »*

Léo lui téléphone demain à midi à TRO 27 40 chez lui, il vient jeudi ou vendredi à 6 heures. Il lui a demandé de ne convoquer personne, si ce n'est un chanteur et un pianiste, Léo lui a dit qu'il ne trouverait que sa femme, sa fille et ses chiens, il a souri, ensuite ils ont parlé « chiens » et pour terminer une chose extrêmement importante pour la maman de Léo, il faut qu'elle écrive en demandant sa réintégration monégasque, expliquant les faits, mariage, etc. Rainier a dit : « C'est une simple formalité mais qu'il faut faire afin que je puisse m'occuper de vous, c'est moins compliqué que la naturalisation. » Léo est transfiguré.

P.-S. : Paris-Canaille *démarre bien, on le trouve dans presque tous les bistrots et il y a déjà treize enregistrements (musette, jazz, paso-doble).*

Joseph Ferré, le père de Léo, pour moi Péchou, se dépêcha d'écrire à sa « chère Madelon » un courrier dans lequel il rappelait au passage que le prince avait été un condisciple de Léo à Sciences Po, que Guillaume Apollinaire avait été élevé à Monaco au collège Saint-Charles, coïncidences qui pouvaient être intéressantes, voire utiles, lettre agrémentée de tas de petits conseils précis sur les us et coutumes de la principauté. Il lui recommandait d'envoyer des remerciements à un conseiller privé du prince lors de l'enregistrement de « La Chanson du Mal-Aimé » : « Envoie ton disque dédicacé au ministre d'État M. Jean-Émile Reymond. » Il reconnaissait le rôle primordial de sa belle-fille dans la carrière de son fils et la félicitait particulièrement pour avoir convaincu Léo d'aller vers son prince : « La première idée qui nous est venue c'est de rendre grâce à Dieu que Léo vous ait trouvée sur son chemin. Sans vous, sans votre perspicacité, sans votre dévouement, Léo eut laissé passer cette chance providentielle qui s'offrait à lui [1]. »

1. Lettre de Joseph Ferré à Madeleine Ferré.

Son Altesse Sérénissime Rainier III, prince de Monaco, allait venir boulevard Pershing, à la maison.

À la maison !

Nous nous accommodions avec facilité de l'utilisation quelque peu atypique de la cuisine, mais lorsque nous avions des invités une certaine gêne s'installait lorsqu'ils demandaient doucement « les toilettes » et qu'on ne leur montrait pas « la première porte à gauche dans le couloir », mais qu'on les orientait fermement, vers la cuisine, vers le réfrigérateur... Ma mère présentait alors la situation en plaisantant et nos commensaux prenaient la chose en souriant, ils étaient chez un Poète, n'est-ce pas ?

Ce fut un branle-bas de combat. La femme du poète remplit la maison de fleurs blanches et rouges aux couleurs de Monaco, les chiens (mais le prince était un ami des animaux) furent consignés dans une chambre, « à cause des poils », Léo me fit un mot d'excuse afin que je puisse quitter le cours secondaire de jeunes filles de l'avenue du Roule une heure plus tôt pour cause de « visite familiale importante ». J'avais exigé la discrétion. La veille, maman s'était mise en tête qu'il fallait que je fasse la révérence. Nous en essayâmes plusieurs, qui toutes finissaient par une marche à reculons plus que protocolaire comme nous avions vu faire dans les films. J'appelai Sissi à la rescousse. Maman et Léo mirent leurs plus beaux atours, et moi une robe parfaitement ridicule dans laquelle j'avais l'air particulièrement endimanchée.

Nous étions tous les trois à nos postes à l'heure prévue. L'exactitude étant la politesse des rois, Léo m'avait appris ce proverbe à cette occasion, la sonnette retentit à la minute près.

Notre grande angoisse, pour ne pas dire la seule, et je pèse mes mots, était que le prince demande à faire pipi !

Le prince arriva, tout simplement, accompagné par le directeur du casino. La catastrophe ne fut pas celle que nous redoutions, nous n'eûmes pas à lui présenter l'envers de notre décor, mais lorsque je m'avançai, intimidée, vers les deux hommes, je me trompai de personne, et me précipitant sur celui qui avait le plus de décorations lui fis une révérence encore plus théâtrale que prévue, puis, tournant le dos, je partis en courant, sans même adresser le moindre sourire au « vrai » prince. Je fus inconsolable vingt-quatre heures. Maman, après son départ, émit tout de même, l'air assez sérieux l'idée que, puisque le prince « joli garçon quoique moustachu » était sympathique et seul (il venait de se séparer de Gisèle Pascal, n'avait pas encore rencontré Grace Kelly), elle me verrait bien mariée avec lui. Il suffisait d'attendre un peu puisque je n'avais que neuf ans.

À la suite de cette entrevue, il fut décidé que Léo partirait à Monaco diriger à l'Opéra, mis à sa disposition par Rainier, la musique qu'il avait écrite sur le long poème de Guillaume Apollinaire, « La Chanson du Mal-Aimé ». Cinquante-neuf strophes, le travail était ambitieux. Passionnée de poésie et particulièrement d'Apollinaire, ma mère l'avait encouragé à s'intéresser à cette œuvre.

> *C'est elle qui a fait le découpage du* Mal-Aimé [1], expliquait-il aux journalistes.

> *C'est sa femme Madeleine qui pendant six mois a analysé le poème pour en extraire la distribution* [2], renchérissait *Paris Match*.

Afin de rendre scénique ce long poème d'amour désespéré, elle l'avait découpé en distribuant des rôles. Elle avait imaginé un immense échiquier noir et blanc sur lequel quatre personnages se déplaçaient, le Mal-Aimé habillé de rouge, son Double en noir, la Femme en bleu, l'Ange en blanc. Je la revois créant, inventant les costumes de ces personnages, j'avais une préférence pour les ailes de l'ange.

Restait à composer une symphonie qui devrait durer environ vingt minutes. Ma mère en trouva le titre : *La Symphonie*

1. Georges Bousquet, *Comedia*, 20 janvier 1954.
2. *Paris Match*, 8 juin 1957.

interrompue. Histoire d'un musicien qui recherche un thème perdu alors que les instruments contrecarrent cette recherche. Ce thème apparaît furtivement puis disparaît définitivement en laissant cette symphonie... interrompue.

Léo se mit à la tâche sans relâche : «Pouta travaille.» Oukase.

Un silence total fut décrété à la maison, nous ne parlions plus mais chuchotions, même les chiens semblaient remuer la queue avec précaution.

Quatre-vingts musiciens et quarante choristes de l'Opéra avaient été mis à la disposition de Léo.

Ils partirent à Monaco où je les rejoignis quelque temps après, prenant l'avion pour la première fois, accompagnée de Monique, une ancienne maîtresse de Léo. Toute douce, blonde, gantée, parfumée à l'extrême, elle représentait pour moi ce que j'imaginais être le comble de la féminité et de la luxure lorsque j'allais la voir boulevard Gouvion-Saint-Cyr dans son petit appartement très décoré façon cocotte de la Belle Époque. Je le sus plus tard, c'était aussi une femme d'une grande générosité qui, pour cette occasion, les avait particulièrement aidés pour faire face à toutes les dépenses occasionnées par cette situation nouvelle. Ma mère avait mis ses quelques bijoux au mont-de-piété. Un couple d'admirateurs fortunés, des nobles espagnols, le comte et la comtesse de Biandrina, avait joué les généreux mécènes en les habillant tous deux luxueusement, robe, costume, écharpe en soie, mocassins. Ils leur avaient présenté le grand couturier Pierre Balmain qui offrit gracieusement les costumes de scène pour les interprètes, demandant seulement que son nom figure au programme.

Le rêve continuait. J'habitais chez les parents de Léo, 9 avenue Saint-Michel. J'étais pleinement devenue leur petite-fille. Chouchoutée par eux le soir, je passais mes journées entre l'Opéra pour assister aux répétitions, et les plages du *Larvotto* ou du *Beach*, où nous avions à notre disposition une cabine bordée par une piscine de rêve, proche de celle du prince.

«Je suis la fille de Léo Ferré», était un véritable sésame que Léo, très fier, avait exigé que j'utilise en toutes occasions. Tout me semblait à la fois naturel et baigner dans un état de grâce.

Ces habits merveilleux, l'Opéra, la musique, le palais, cette splendeur autour de moi, les portes qui s'ouvraient en souriant. Les journaux parlaient du retour de l'enfant du pays, je découvrais par personne interposée les facilités inimaginables que donne la célébrité.

Invités à dîner chez Marie Bell et Jean Chevrier sur la terrasse de leur appartement qui surplombait le palais de Monaco, je découvris le luxe.

Ils avaient choisi pour la représentation la date anniversaire de leurs deux ans de mariage, le 29 avril 1954.

Dans une loge de l'Opéra, dans cet écrin second Empire avec ses dorures et ses velours, ma grand-mère, Monique et moi-même, le grand soir, le cœur battant, nous attendions, comme toute la salle, l'arrivée du prince.

L'image que je garde de Léo ce soir-là fut totalement inhabituelle. Il avait revêtu un smoking. Jamais je ne l'avais vu ainsi accoutré. Ce costume restera longtemps abandonné dans une penderie de fortune boulevard Pershing, recouvert d'une poussière indifférente à Denise. Avec déjà et toujours ce désir de devenir chef d'orchestre, de pouvoir diriger sa musique, Léo s'adressera à cet habit en le remerciant :

Je ne vous ai mis qu'une fois et,
dans l'espoir de rééditer cet avantage, je vous garde depuis lors,
sur un cintre, acheté en 1950[1].

À l'apparition du prince, le public se leva. Léo, la baguette à la main, lui fit face, s'inclina, se retourna et commença à diriger l'orchestre. Je flottais dans un rêve, noyée dans la musique et les ors de la magnifique salle de l'Opéra, impressionnée par l'attitude à la fois simple, amicale et impressionnante du prince dont j'apercevais le profil attentif dans la loge centrale, je voyais le dos de mon Pouta se balancer au gré des mesures.

1. Léo Ferré, « À mon habit », écrit en 1954. Publication dans *La Mauvaise Graine*, Éditions n° 1 en 1993, préface et notes de Robert Horville, cité dans *Léo Ferré, une vie d'artiste*, op. cit.

La réussite fut complète, grandiose, émouvante. Ma mère, appelée sur scène par Léo, se souvenait :

> *Quand tout fut terminé, et que sur scène nous marchions sur des gerbes de fleurs avec le bruit des ovations en fond sonore, Léo me serrait sur son cœur en me disant «Merci» et redisant «Merci, merci» à l'oreille. Et moi, la tête dans son cou, je lui disais «Mon amour» et je lui redisais «Mon amour».*

Après le spectacle, appelés dans la loge princière, ils reçurent des mains du prince, accompagné de sa sœur la princesse Antoinette et du prince Pierre, une médaille en vermeil longtemps conservée avec amour par maman, volée comme tant d'autres souvenirs de ces jours heureux. Leurs parents, émus aux larmes, se serraient les uns contre les autres. J'étais, me semble-t-il, la seule à ne pas pleurer tant l'émerveillement l'emportait sur l'émotion.

Le lendemain la presse monégasque rendit compte de cet accueil triomphal, il fut même question de futur succès mondial. «Léo Ferré est prophète en son pays», titraient les journaux.

«On ne cesse de nous féliciter maman et moi. Nous sombrons dans la gloire!» nous écrivait Péchou, plus que fier de son fils.

Lors d'une réception quelque temps plus tard, Léo s'amusa à raconter à sa manière à ses beaux-parents :

> [...] *Ce fut formid. Grace, la très chère, me sauta au coup en me disant avec l'accent : «Comment vas-tu, sale petite graine d'ananar? Pas mal et toi?» lui répondis-je en toute modestie, tout cela tandis que Madeleine faisait une partie de poker avec le prince Rainier*[1].

En 1957, cet oratorio fut enregistré à Paris avec l'Orchestre national de la radiodiffusion française et prit corps dans un disque à la très belle pochette d'Hervé Morvan. Dans le rôle de

1. Lettre de Léo Ferré à M. et Mme Rabereau.

Léo et Madeleine Ferré
avec Annie dans les Alpes,
vers 1951.

Madeleine et Léo Ferré
avec Annie à Beg an Fry
en Bretagne, vers 1953.

Léo Ferré et Annie, vers 1951-1952.

Léo Ferré et Annie sur la Rivière enchantée au Jardin d'acclimatation, vers 1953.

Benoîte Groult, Paul Guimard et Léo Ferré aux Glénan en Bretagne, vers 1950.

Léo Ferré et Annie à Cosne-sur-Loire dans la Nièvre, vers 1953.

Madeleine et Léo Ferré
avec Annie à Cosne-sur-Loire
dans la Nièvre, vers 1952.

Léo Ferré et Annie
dans les Alpes, vers 1952-1953.

Annie à cheval sur Arkel, 1953.

Léo et Madeleine Ferré
avec Annie en camping
dans les Alpes, vers 1952-1953.

Annie boulevard Pershing, vers 1955.

Mariage de Madeleine et Léo Ferré, Monaco, 29 avril 1952.
À la gauche de Léo Ferré sa mère Charlotte Ferré,
à la droite de Madeleine Ferré son père Julien Rabereau
et à son côté Joseph Ferré.

Photographie prise à l'occasion
du deuxième *Olympia*,
reprise comme illustration
de la pochette de l'album
du concert, 1955.

De gauche à droite :
Denise Charpy,
personne non identifiée,
Marie Rolland,
Léo et Madeleine Ferré,
Jeanne Gonnon au cabaret
L'Escale à Ploumanac'h, 1956.

Léo Ferré et ses chiens Arkel, Canaille et Egmont,
boulevard Pershing, 1956.

Intérieur du disque « La Chanson du Mal Aimé », 1957.

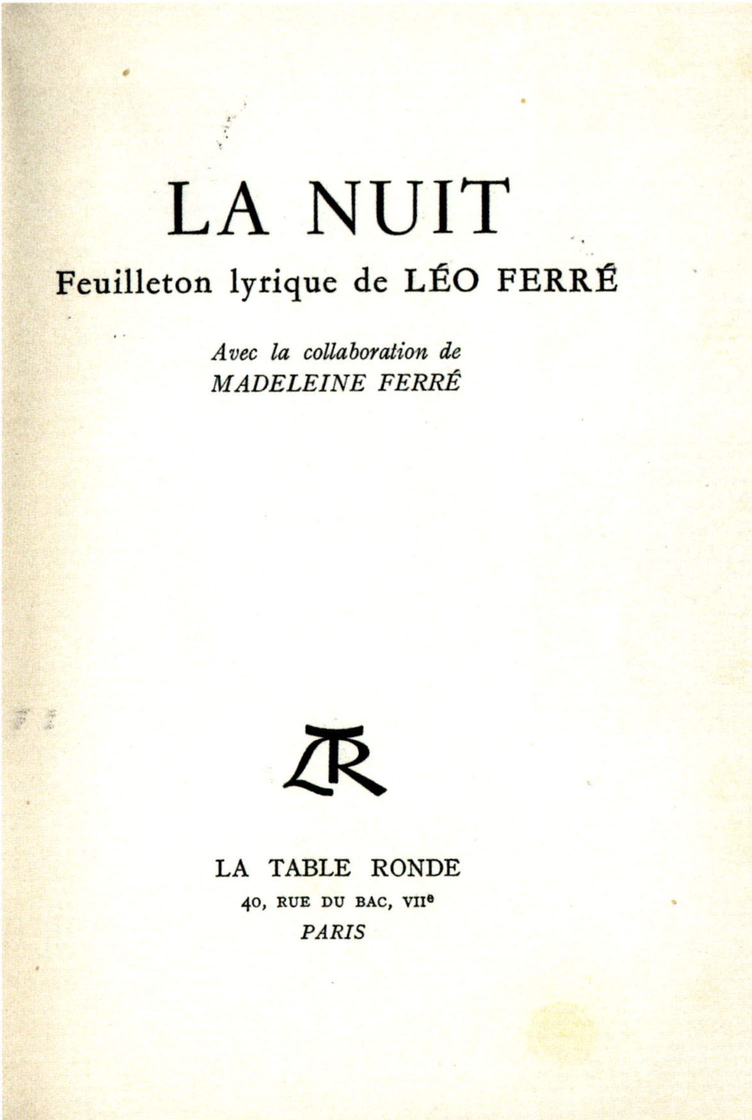

LA NUIT

Feuilleton lyrique de LÉO FERRÉ

Avec la collaboration de
MADELEINE FERRÉ

LA TABLE RONDE
40, RUE DU BAC, VIIe
PARIS

Page de titre de *La Nuit, feuilleton lyrique*,
paru en 1956 à La Table Ronde.

Léo Ferré et Annie à Costaérès, vers 1958.

Affiche du festival littéraire Tristan Corbière du 2 août 1958
à la galerie d'art/antiquités Tréanton de Morlaix (toujours en activité).

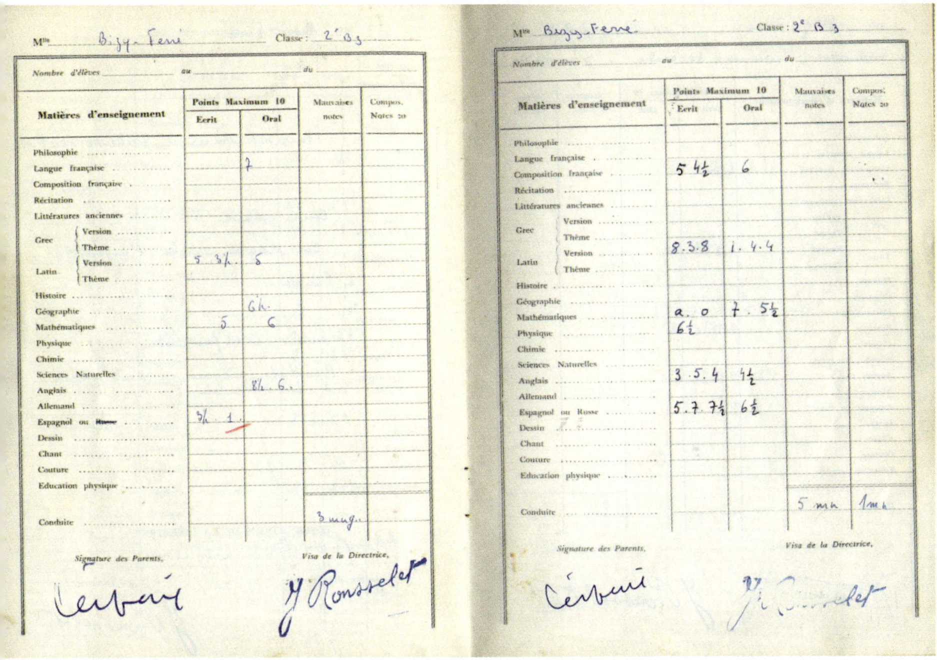

Mlle Bizy-Ferré Classe : 2e B3

Nombre d'élèves .... *au* .... *du* ....

Matières d'enseignement	Points Maximum 10 — Ecrit	Oral	Mauvaises notes	Compos. Notes 20
Philosophie				
Langue française		7		
Composition française				
Récitation				
Littératures anciennes				
Grec — Version				
Grec — Thème				
Latin — Version	5. 3½.	5		
Latin — Thème				
Histoire				
Géographie		6½		
Mathématiques	5	6		
Physique				
Chimie				
Sciences Naturelles				
Anglais		8½. 6.		
Allemand				
Espagnol ou ~~Russe~~	3½	1.		
Dessin				
Chant				
Couture				
Education physique				
Conduite			3 mug.	

Signature des Parents. *Visa de la Directrice,*

J. Rousselet

Mlle Bizy-Ferré Classe : 2e B3

Nombre d'élèves .... *au* .... *du* ....

Matières d'enseignement	Points Maximum 10 — Ecrit	Oral	Mauvaises notes	Compos. Notes 20
Philosophie				
Langue française				
Composition française	5 4½	6		
Récitation				
Littératures anciennes				
Grec — Version				
Grec — Thème				
Latin — Version	8.3.8	1.4.4		
Latin — Thème				
Histoire				
Géographie				
Mathématiques	a. 0	7. 5½		
Physique	6½			
Chimie				
Sciences Naturelles				
Anglais	3.5.4	4½		
Allemand				
Espagnol ou Russe	5.7.7½	6½		
Dessin				
Chant				
Couture				
Education physique				
Conduite			5 mu	1 m.

Signature des Parents. *Visa de la Directrice,*

Cahier de notes d'Annie « Bizy-Ferré » signé par Léo Ferré, 1959-1960.

Pochette du disque *Le Temps du tango* sur laquelle figurent Léo et Madeleine Ferré ainsi que l'accordéoniste Jean Cardon (Label Odéon, MOE2175, 1958).

Mosaïque de photographies pour un reportage sur Léo et Madeleine Ferré.
Apparaissent leurs chiens Clairette et Golaud, 1961.

Léo Ferré et Annie, vers 1958.

Madeleine Ferré avec Egmont sous le piano, boulevard Pershing, vers 1959-1960.

l'Ange, un Petit Chanteur à la Croix de Bois de onze ans remplaça Jacques Douai, premier interprète du rôle sur la scène de l'Opéra de Monaco. Il avait fallu trouver une voix cristalline qui n'avait pas encore mué, capable de chanter :

Voie lactée, ô sœur lumineuse
Des blancs ruisseaux de Chanaan
Et des corps blancs des amoureuses
Nageurs morts suivrons-nous d'ahan
Ton cours vers d'autres nébuleuses

Ce très jeune garçon que je trouvais plus que charmant fut mon premier battement de cœur, il ne le sut jamais.

Là encore, subjuguée à la fois par la beauté des vers d'Apollinaire, la musique aérienne de Léo, la voix angélique du petit garçon, je sus très vite par cœur ces vers, pure poésie hermétique, auxquels je ne comprenais absolument rien. Je n'étais pas la seule cette fois. Je les fredonnais dans ma tête des journées entières. La magie des sons et la mélodie me suffisaient.

En 1972, Léo réenregistrera « La Chanson du Mal-Aimé », seul, en chantant, en criant souvent. La première version, de loin la plus belle à mes yeux, n'est maintenant connue que des vrais amateurs. À la suite de ce dernier enregistrement, il fit part à la presse de son interprétation toute personnelle, selon lui : « La voie lactée : c'est du foutre. "La Chanson du Mal-Aimé", une chanson pédérastique. » J'étais loin d'imaginer moi qui, comme d'habitude, récitais ces vers, facilement, à n'importe qui.

Mon admiration pour « La Chanson du Mal-Aimé » avait à l'époque tout de même quelques limites.

Ta mère fit un pet foireux
Et tu naquis de sa colique

Je voulais bien croire, comme me le répétait ma mère, qu'Apollinaire était un grand poète, mais j'étais loin d'être entièrement convaincue quand j'entendais cette réponse des cosaques Zaporogues au sultan de Salonique : *« pet foireux, colique »*, j'étais choquée, c'est ça la poésie ? Quelque chose devait m'échapper. Une fois de plus, je ne cherchais pas à approfondir.

Ce n'est que bien plus tard que je compris à quel point pour Léo il n'y avait pas des mots nobles et d'autres qui ne le sont pas ; combien ce mélange de poésie pure et d'expressions ordurières correspondait tellement à ce qu'il aimait, à sa propre poésie, mélange de termes savants, ésotériques, et d'argot, de mots crus, à sa musique aussi, parfois symphonique, parfois très populaire. Il n'y a pas de « GRANDE MUSIQUE », m'assénait-il, il y a la « MUSIQUE », c'est tout. S'il avait voulu un peu m'apprendre, m'en dire un peu plus, mais il semble bien que pour Léo les enfants doivent se « cultiver » tout seuls.

Heureusement, ma mère comblait quelquefois mes lacunes.

Qu'importe, le Mal-Aimé était pour moi bien vivant, c'était cet homme qui s'avançait sur scène, dans sa cape, vêtu de rouge en pleurant son amour enfui. À dix ans, je connaissais par cœur ce long poème que je garde encore en mémoire aujourd'hui.

C'est à la même époque que Denise m'apprit à valser sur « Le Pont Mirabeau [1] », poème d'Apollinaire que Léo avait mis en musique, que j'avais entendue toute une nuit en boucle à la maison.

Le par cœur, pour moi, précédera souvent la compréhension, qu'il s'agisse des textes maison de Léo ou des poèmes de Baudelaire, ainsi, combien de fois avec un tantinet de pédanterie n'ai-je pas devant la beauté d'un coucher de soleil conseillé à un entourage attentif d'admirer « *le soleil* [s'est] *noyé dans son sang qui se fige* [2] ».

Quelques années plus tard, c'est toujours « par cœur » que je fredonnerai Verlaine, Rimbaud, Aragon, mais à cette époque j'avais l'âge de comprendre.

Grâce à Léo, au cours de ces années passées à ses côtés, j'ai vécu naturellement entourée de musique et de poésie.

Comment voulez-vous que j'oublie ?

1. « Le Pont Mirabeau ».
2. Charles Baudelaire, « Harmonie du soir » in *Les Fleurs du mal*, Auguste Poulet-Malassis, 1857.

Cette affiche où nos yeux écoutaient des bravos[1]*...*

Sur tous les articles et toutes les photos de cette époque, on voit un Léo souriant faisant par journalistes interposés des déclarations d'amour dithyrambiques à sa jeune femme à qui «il doit tout», succès, équilibre, bonheur. Il avait trouvé en Madeleine, répétait-il à l'envi, à la fois le corps et l'esprit, la beauté, l'intelligence, la culture. «Pour moi, le bonheur c'est ma femme[2]», continuera-t-il à affirmer pendant des années. Leur complicité intellectuelle était étonnante, bien sûr – petit bémol, elle était quelquefois «chiante», mais cela faisait partie du charme. Leur amour irradiait.

Sa ténacité au travail, sa foi obscure en son génie, ses trouvailles d'élocution plus que drolatiques, percutantes, acérées me faisaient fondre, se souvenait ma mère.

La gloire de mon beau-père n'avait tout de même pas franchi la principauté.

À Paris, tout commençait.

Maman se donnait du mal :

1. «Le Testament».
2. *Le Patriote de Nice*, 13 avril 1962.

Ce que j'ai pu piocher, biner, ratisser, arroser (arroser dans le show-biz, ce n'est pas une métaphore). [...] J'avais à mes côtés, au privé, à ma table, mon Dieu, dans mon lit, soit béni, un diamant dans sa gangue. Personne ne le savait, hors moi. Il était mon Piaf, mais ça démarrait plutôt mal, mon bonhomme, pas gâté, grimaçant, les mains soudées à des pianos de troisième zone, des goualantes pas dans le vent, une voix étouffée par un édredon massif de timidité.

Elle essayait de convaincre Édith Piaf, qui déjà chantait « Les Amants de Paris », d'interpréter « Merci, mon Dieu », toute nouvelle chanson de Léo. En vain, « C'est impossible, Madeleine, j'ai une croix sur la poitrine, mon public ne comprendrait pas », refusait la grande interprète. « Présente dans nos espoirs, absente dans les résultats », écrira ma mère qui, au retour des soirées passées boulevard Lannes, continuait à rêver. À la réelle immense admiration pour la chanteuse se mêlait l'espoir de retombées financières évidentes dont nous avions bien besoin. Elle avait promis d'enregistrer un disque entier : *Édith Piaf chante Léo Ferré*, mais si « Édith » n'hésitait pas à les réveiller au milieu de la nuit pour connaître les nouveautés de Léo, elle ne chanta vraiment du Ferré qu'à huis clos, ruinant les espoirs de mes parents qui me racontaient, critiques, sa cruauté dans sa vie amoureuse.

Léo voulait que le monde entier connaisse le rôle important de sa femme dans son travail d'écriture, il prend à part un journaliste et lui demande de bien insister sur le fait que sa femme est « à la base de tout » : « "Quand je veux faire une chanson, je m'installe à ma table de travail le soir et j'y passe toute la nuit. C'est là que ça marche le mieux. Le lendemain matin, Madeleine se lève et prend ma place. Alors comme la relève est assurée, je me couche." Chacun ayant revendiqué pour l'autre tout le mérite de son travail, ils finissent par se prendre la main et s'embrasser [1] », conclut le journaliste en question.

1. Claude Obernal, *Une heure chez Madeleine et Léo Ferré*, 1954.

L'année 1954 fut un bon cru : Prix Citron qu'il partagea avec Juliette Gréco ; Grand prix de l'Académie du Disque. Cette année-là, le succès de « Paris-Canaille » contribua à faire de lui un compositeur populaire. Il y fut grandement encouragé par ma mère qui, optimiste pythie, l'avait empêché d'abandonner cette chanson qu'il n'arrivait pas à terminer. Elle en écrivit une strophe.

C'est depuis que je la connais que je travaille vraiment. C'est elle qui me met au piano, qui me met à la table de travail. [...] *Et pour les chansons, elle m'aide beaucoup : « Paris-Canaille », tenez, c'est elle qui a fait le troisième couplet, et « Vitrines » aussi, j'ai écrit tout en vrac et elle a arrangé ça. Il faut que ce soit dit*[1].

« Le Piano du pauvre », « Paris-Canaille », « L'Homme », ces trois chansons furent les premières à avoir un véritable succès populaire qui nous permit de vivre plus aisément. Raviolis et pissaladières maison selon une recette de la famille monégasque s'intercalèrent régulièrement entre nos spaghettis quotidiens et vinrent agrémenter notre ordinaire, le vin changea d'étiquette, nos meubles prirent des allures stylées.

Léo s'empressa de pousser ma mère à aller se vêtir faubourg Saint-Honoré chez Lola Prusac, qui nous offrait son parfum envoûtant et moi, non loin de là, j'eus droit aux jeux du *Nain Bleu* et au plus beau manteau en ratine rouge que l'on puisse imaginer. « Tu as de la branche », plaisantait Pouta en me serrant dans ses bras. Je comprenais que ce devait être un compliment, je cherchais où était l'arbre en moi ; il ne prenait pas le temps de m'expliquer.

Lui rayonnait, se disait être maintenant « sapé comme un milord ». « Pouta, qu'est-ce que ça veut dire "sapé" ? Qu'est-ce qu'un "milord" ? » *Milord l'Arsouille*, cela me rappelait quelque chose. Il répétait qu'il voulait « mettre la poésie dans la rue », comme il l'écrira plus tard, et « un bonnet rouge au dictionnaire », citant Victor Hugo à qui il faisait souvent référence. Son

1. *Comedia*, 20 janvier 1954.

souhait était d'être dans les juke-box : « Mettez Mozart dans les juke-box, et toute la France chantera l'*Ave Verum*[1] », déclarera-t-il aux journaux.

À l'époque, ce n'était pas gagné et son allure sur scène était loin de faire l'unanimité.

> *Avec ses yeux de myope assassin, avec ses cheveux qui ont commencé à pousser si loin sur le front qu'ils n'ont plus su s'arrêter derrière, avec ses doigts nerveux et inquiétants, son dos d'Atlas portant tous les malheurs de la terre*[2].

La description n'était pas tout à fait fausse. Vêtu la plupart du temps d'une veste à carreaux pied-de-poule, il ressemblait pour moi à Gérard Philipe, le chef d'orchestre des *Belles de nuit*[3], ce musicien-poète dont le rêve était de faire jouer un jour son opéra.

Du matin au soir, il avait recommencé à râler contre les combines, les concessions commerciales, les relations. « Trop de cons, trop de pourris. » Il venait de perdre son procès contre un producteur qui avait donné le titre de *Paris-Canaille* à son film dans lequel cette chanson était interprétée par Catherine Sauvage. Léo estimait que le film ne méritait pas sa chanson, qu'il la dénaturait. *Paris-Canaille* fut transformé en *Paris Coquin*. Les hommes de loi firent leur entrée dans notre vie. Ils y restèrent et sont malheureusement encore dans la mienne.

Léo a aimé le droit, mais surtout pour essayer de trouver « *le moyen de tourner la loi*[4] », comme un exercice d'intelligence qu'il affectionnait. Il n'a jamais été le poète éthéré que certains ont pu imaginer, bien au contraire, il se servait fréquemment avec morgue et autorité des connaissances juridiques qu'il avait pu acquérir à Sciences Po, qui n'est pourtant pas la meilleure école de droit qui puisse exister. Cela lui jouera des tours, surtout avec le fisc.

1. *Télé-Magazine* du 30 janvier 1963, article de Michèle Ribaud.
2. *Paris Match*, 30 janvier 1954.
3. Film de René Clair, 1959.
4. « Thank You Satan ».

Il en voulait à Francis Blanche qui, imaginait-il, l'aurait dénoncé par jalousie à des «polyvalents» qui maintenant cherchaient à comprendre pourquoi ce chanteur monégasque, habitant la France et y travaillant, pensait pouvoir échapper aux impôts. Ce fut toujours l'obsession de Léo. Il créera des sociétés, imaginera des écrans, il aura toujours manifesté un goût affirmé pour la Suisse.

La presse n'allait pas tarder à s'intéresser à «ce poète irascible, vindicatif, hargneux, violent, à la tendresse au bout du fusil».

Au printemps 1954, Bruno Coquatrix l'engagea à l'*Olympia* en vedette américaine du spectacle de Joséphine Baker, c'est-à-dire à la fin de la première partie. Sur scène, avant lui, des attractions : des danseurs burlesques, des «fous pédalant», des équilibristes, le Trio Raisner, Les Faux Frères et surtout Myr et Myroska dont les numéros de voyance et de télépathie nous plongeaient chaque soir dans le merveilleux. Malgré nos essais d'espionnage dans les coulisses, nous n'avons jamais pu trouver le «truc». Nous préférions de toutes les façons croire au mystère. Pendant toute la seconde partie Joséphine Baker dansait et chantait. Je ne me rappelle pas qu'il y ait eu une quelconque relation d'amitié ou d'hostilité entre eux. Rien. Aucune agressivité de la part de Léo. Étonnant quand on était témoin comme je l'étais de ses critiques constantes et cruelles sur les femmes en général et sur celles qui chantaient en particulier. J'assistais tous les jours aux répétitions, cachée dans les coulisses ou dans le noir de la salle. Il me reste de cette époque une odeur de parfums capiteux qui se répandaient sur scène quand «Joséphine» chantait. Sans doute en répandait-elle sur son corps et sa chevelure, je ne sais, mais là encore, plus tard, en classe, en étudiant Baudelaire, c'est à elle que je penserai, la revoyant onduler sur scène, souvenirs de sensuelles senteurs exotiques.

Léo, pantalon fuseau, après-ski aux pieds, avait une allure originale que beaucoup critiquèrent méchamment, voyant là une provocation vestimentaire ridicule, mais nous, on les aimait bien ces chaussures, elles étaient confortables, c'était suffisant.

Il n'y avait pas d'autres explications. Je peux en témoigner.

On critiqua ses cheveux trop longs, sa femme l'incitera à les couper. Il en fut extrêmement satisfait, la presse l'en félicita. Dix-neuf ans plus tard, il le reprochera avec violence à ma mère.

Ma mère était à la peine, « Montand fait un triomphe chaque soir avec « Le Flamenco de Paris » à l'*Étoile*, si seulement cet idiot pouvait en prendre d'autres de Léo, mais là encore, quel milieu [1] », confiait-elle à ses parents.

Le succès faisait son chemin : le printemps suivant, Coquatrix l'engagea de nouveau cette fois en grande vedette, à la fin du spectacle. À la maison, Léo répétait au piano un texte de sa femme et d'Albert Willemetz [2] qu'il avait mis en musique, mais à l'*Olympia* il devait se produire debout sur scène, face au public. La différence était énorme et représente une étape essentielle dans sa carrière. « Sans Madeleine, je n'y aurais jamais pensé [3]. »

« Respire Léo », « N'oublie pas ce geste à la fin de... », « Jambes écartées, Pouta », chaque soir maman et moi lui faisions répéter tout d'abord les textes, comme à l'école, puis nous passions à l'épreuve suivante : le faire lever de son piano. Ma mère allait chercher un balai qu'elle coinçait entre deux chaises, puis installait Léo debout, en lui mettant entre les pieds une planche en bois. Il commençait à chanter a *cappella* et elle l'interrompait pour lui montrer quelques gestes à faire au bon moment, lui demander de reprendre son souffle, d'articuler afin de rendre les paroles plus compréhensibles, d'arrêter de grimacer, de gesticuler, d'épurer, bref elle essayait de le mettre en scène. Il obéissait, avec application, puis, brusquement, se révoltait, c'était trop, les insultes pleuvaient, que dis-je les insultes, les menaces, et des plus graves, et en italien. On ne faisait pas dans

1. Lettre de Madeleine Ferré à ses parents.
2. « Notre-Dame de la Mouise ».
3. G. Guillaume, *Les Lettres françaises*, 2 novembre 1961.

la litote, «*Te ammazzo!*» menaçait-il. Ce n'était pas «Je t'aime», mais «Je te tue!». Terrorisée, je prenais ses menaces au pied de la lettre, d'autant plus qu'elles s'accompagnaient de grands gestes annonciateurs de coups, qui bien sûr ne venaient jamais. «*Porca Miseria*», hurlait l'artiste coléreux.

Quand c'est pas l'heur' des bis's dans l'cou
Quand j'suis tout prêt à t'fout' des coups[1]

C'est une chanson d'amour.

Toute la maison tremblait. Les chiens se terraient sous le piano, Denise s'enfermait dans la cuisine, et moi, une nuit de répétition particulièrement agitée, après avoir hurlé : «Arrêtez si vous m'aimez, sinon, je m'en vais pour toujours!», je m'étais enfuie en pyjama, pieds nus, affolée, me réfugier chez une amie avenue des Ternes. Le père de cette amie téléphona pour les prévenir de ma présence chez eux. Léo accourut m'y chercher avec des demandes de pardon et des promesses : ils ne recommenceraient plus, ils s'aimaient à la folie. Devant leurs baisers entremêlés, un *mea culpa* de Léo à genoux devant sa femme puis devant moi, je leur ai pardonné. Ils en faisaient même un peu trop! Le lendemain matin, je trouvai encore des mots d'amour, et d'excuses, sur ma table de nuit. Ce ne fut pas la dernière fois : à la suite d'un autre «différend» particulièrement sonore, la nuit précédant mon épreuve au bac, Léo déposa dans mon bol de petit déjeuner un tendre billet à sa «petite reine du bachot» en m'assurant qu'ils s'aimaient comme jamais et que cela en était fini de leurs «conneries».

Le grand soir arriva.

La veille de la première, nous étions réellement affolés. Léo chancelait sur ses jambes, un médecin était venu boulevard Pershing le soutenir par des piqûres de vitamines. Ma mère lui avait demandé cette fois d'enlever ses lunettes qui ne lui étaient pas du tout indispensables, sauf pour conduire. Habitué à se

1. «C'est un air».

protéger à la fois derrière son piano et ses lunettes, il voyait tomber ses derniers remparts. L'élève allait mettre en pratique nos cours du soir. Et si nous avions tout faux? Nous étions tétanisées de peur, peur qu'il ne tienne pas debout, peur qu'il oublie les paroles, tant et tant de fois répétées à la maison. Terrorisées, maman aux éclairages, moi dans les coulisses, prête, pour la première fois, à lui souffler ses paroles en cas de « trous », mes jambes ne me portaient plus. J'avais peur moi-même de ne plus savoir. Je connaissais pourtant toutes ses chansons par cœur. Lui n'avait pas le trac... c'est du moins ce qu'il disait. Je le crois, maintenant. Pendant les dix-huit ans que j'ai passés avec lui dans les coulisses des cabarets ou des music-halls de France et d'ailleurs, il eut peu d'oublis. Il savait se rattraper ou prenant le public à témoin, il le rendait complice, et les applaudissements redoublaient. Beaucoup plus tard, dans une vie que je n'ai plus partagée, alors que malgré son âge, très diminué, il ne cessait de monter sur scène, on m'a rapporté qu'il se trompait beaucoup, que cela était souvent devenu pénible à voir, mais que la salle restait admirative.

En première partie, Odette Laure et Claude Vega, puis, après l'entracte, présenté comme « l'événement de la chanson française », une jeune femme court vêtue, accrochée au rideau, annonça en se balançant sur une jambe : « Auteur et compositeur de tant et tant de belles chansons, voici Léo Ferré ! » Le disque existe [1]. J'entends encore cette voix. Je revois ce rideau rouge s'ouvrir. Le souvenir de Léo, ce soir-là, me reste à jamais précieux.

En regardant bien, on pouvait apercevoir par terre, à ses pieds, un gros carton sur lequel était écrit l'ordre des chansons. « *J'ai dans la tête un vieux banjo de mil neuf cent vingt-cinq* [2] » était apparu à ma mère comme l'accroche qu'il fallait pour commencer le tour de chant, ce fut réussi. À la fin du « Piano du pauvre », elle avait eu l'idée de faire entrer dans le noir l'accordéoniste Jean Cardon. Léo avait refusé, bougonné puis accepté.

1. Odéon OSX 109.
2. « Monsieur mon Passé ».

L'effet de surprise fut efficace. Léo rechignait toujours et se confondait ensuite en louanges pour celle qui était son « étoile », qui « ne se trompait jamais ».

J'ai gardé certains cartons, témoins de ces soirs où tous deux avaient choisi, chanson après chanson, le crescendo du tour de chant. Léo comprit l'importance d'une mise en scène, même pour un homme seul. À l'époque, ce n'était pas évident. Quelques années plus tard, dans les coulisses de l'*Alhambra*, Maurice Chevalier le leur confirmera, en ma présence. « L'important, nous apprit-il, c'est de ne pas garder les deux jambes serrées, de faire précéder le geste à la parole. » Je tendais mes oreilles pour écouter ce cours de mise en scène qui servit beaucoup à ma mère, cautionnée cette fois par un vrai pro.

La presse fut divisée, certaines chansons, je le ressentais, « passaient » mal.

Quand il chantait « Merci, mon Dieu » (dont il disait qu'elle pourrait être une chanson catholique, lui qui avait servi la messe pendant plusieurs années), on lui reprocha de vouloir imiter la « Prière [1] » de Francis Jammes. Toujours trop mesurée à son goût, je trouvais qu'il hurlait. Je le lui faisais remarquer. Quand il interprétait très fort « La Rue », « *qu'est bath, qu'est bath* » et qu'il criait maladroitement l'« *Allez* » final, j'avais hâte qu'il passe à la suivante.

Quand il entamait en titubant :

À coups d'roulis
À coups d'rouquin [2]

basculant d'une jambe à l'autre, mimant l'homme ivre, là, j'avais franchement honte, il en rajoutait, me semblait-il, « tu en fais trop, Pouta ! ».

J'éprouverai les mêmes sentiments lorsqu'il chantera « Le Vin de l'assassin ». Je ne supporterai jamais de voir Léo imitant un homme saoul sur scène. Il en fut toujours ainsi. Je

1. In *Clairières dans le Ciel*, Mercure de France, 1906.
2. « L'Âme du rouquin ».

souffrais de le voir s'exposer, avec souvent trop d'insistance et de grimaces.

Sur la scène du *Vieux Colombier*, quand arrivera le tour des « Indifférentes », et qu'avec une cravache à la main, un melon sur la tête il fera mine de fouetter des femmes, je le trouverai outrancier et son rire satanique me mettra mal à l'aise.

Je n'étais pas inconditionnelle, mais je l'aimais tellement !

Jamais je n'oublierai le lendemain matin de cette première à l'*Olympia*.

À midi, je les réveillai avec le petit déjeuner. Je fus chargée d'aller très vite chercher tous les quotidiens susceptibles de rendre compte de la soirée.

Tel le Petit Chaperon rouge avec son panier, je pris un immense sac, me précipitai dans une librairie place Parmentier ; croulant sous le poids des journaux, je revins à la maison en courant et répandis toute ma récolte sur leur lit. Nous nous jetâmes dessus. Ils n'étaient pas tous bons, certains même très mauvais, mais c'était l'euphorie : « Écoute, écoute ! » On riait et on pleurait de joie. Le succès était là. « Peu importe qu'on dise du mal, pourvu qu'on en parle », commentait ma mère.

Comme d'habitude, il n'échappa pas à la critique : « On a l'impression qu'il a gardé son pyjama sous sa veste », « Costumé en anarchiste », se moqua la presse. Je devins hargneuse moi aussi contre ces journalistes qui méprisaient tout le soin que nous avions mis à habiller notre Léo, cette fois, d'une manière que nous pensions « chic » !

J'entendais le nom d'un journaliste craché avec haine : Maurice Ciantar. Il avait pourtant écrit des articles élogieux, mais avait osé critiquer méchamment sa manière de s'habiller, Léo lui envoya un télégramme qu'il nous lut avec colère, dans lequel il précisait : « Je porte également un slip kangourou. »

Ma mère et moi, nous nous amusions bien.

D'une susceptibilité extrême, Léo ne supportait pas les critiques. En 1956 déjà, il envoyait « *des tonnes de crachats sur la criticature* [1] ».

1. « À toi » in *Poète... Vos papiers !*, *op. cit.*

Guy Dornand[1] reçu un télégramme vengeur :

Vous êtes un miteux – stop – il y a longtemps que je le pense – stop – je savais que vous écriviez mal mais je ne savais pas que vous étiez méchant – stop – Dépêchez-vous – bientôt vous n'oserez plus rien dire – Merci[2]

Nous applaudissions pour montrer notre accord.

On lui reprochait aussi d'interpréter lui-même ses chansons : « Si Léo Ferré ne chantait plus, nous nous ferions une raison. S'il n'écrivait plus de chansons, nous prendrions le deuil pour toujours[3]. » Denise, appelée à la rescousse, était d'avis contraire : « Elle est belle votre voix, monsieur Ferré ! »

Les journalistes s'amusaient à le décrire : « Le crâne d'Edmond Rostand, le costume de Bruant et le répertoire de Montéhus[4], c'est quand même une drôle de synthèse[5] ! »

La presse félicita surtout Odette Laure, ce qui énerva énormément Léo. « Succès d'estime pour Léo Ferré », ai-je lu, presque un échec... La réalité quotidienne fut tout autre pour nous. Notre vie fut changée. Le téléphone commença à sonner pour ne plus s'arrêter de la journée, c'étaient félicitations, propositions de galas, de radios, de télévisions... La côte de Léo Ferré avait grimpé pendant la nuit d'une manière étourdissante. « Nous » devenions riches et célèbres, même en Amérique :

A balding, gloomy-looking head, supporting steel rimmed glasses, and collared by an open-necked shirt, makes an unusual appearance for a top-billed singer[6].

1. Critique d'art et théâtral à *Libération*.

2. Cité dans la « Tribune libre » de Jean Carlier dans la revue *Radio 55*, du 17 au 23 avril 1955.

3. *La Revue des Deux Mondes*, 15 avril 1955.

4. Chansonnier français (1872-1952), « révolutionnaire cocardier », engagé à gauche.

5. *La Vie parisienne*, mai 1955.

6. « Un chauve au visage lugubre portant des lunettes cerclées d'acier encadré par le col d'une chemise ouverte, une apparence inhabituelle pour un chanteur en tête d'affiche », *Variety New York*, 30 mars 1955.

Léo pouvait enfin s'acheter sans compter des cartouches de Celtique, maman du Mitsouko, nos chiens du bourguignon. Ce n'était pas la fortune mais le dimanche, maintenant souvent, nous nous régalions du délicieux gigot chez *Sébillon* à côté de chez nous.

Léo, bon vivant, avait des exigences culinaires précises qui remontaient à son enfance. Un jour par semaine ma mère, telle la Magdalena de *Benoît Misère* [1], préparait des raviolis, avec un cérémonial attendu et immuable. Léo, Denise et moi étions chassés de la salle à manger, mais doucement, les uns après les autres, nous y revenions pour regarder ma mère aligner sur la grande table des boules de farce préparée la veille qu'elle enrobait d'une pate fine qu'elle découpait avec cette petite roulette indispensable pour Léo, la même que celle qu'il avait vue utilisée à Monaco dans son enfance. Déjà nommée «Reine de la sauce tomate» puis de la pissaladière par un Léo admiratif, ce jour-là était sacré et elle était sanctifiée. On croyait manger «*d'la luxure* [2]». «Cet homme m'a pendant dix-huit ans parfumée au pistou, au Campari, à l'expresso», écrivait ma mère qui respectait les recettes monégasques et le goût italien de son mari.

Nous pouvions maintenant aller tous les trois au *Normandy*, immense et assez luxueuse salle de cinéma sur les Champs-Élysées, «*et puis le ciné, rama ou non* [3]» où, à l'entracte, Léo, tel un père de famille très nombreuse et très affamée, achetait d'un geste fastueux tout ce que l'ouvreuse présentait : bonbons, esquimaux, chocolats.

Léo aimait les films policiers, les westerns, les films à grand spectacle. Il m'emmena voir *Les Dix Commandements* [4], *Ben Hur* [5], me fit apprécier Charlton Heston. En revanche, il faisait la grimace, haussait les épaules lorsque je fondais d'admiration

1. Léo Ferré, *Benoît Misère*, Robert Laffont, 1970.
2. «Ça t'va».
3. «La Grande vie».
4. Film de Cecil B. De Mille, 1956.
5. Film de William Wyler, 1959.

devant Burt Lancaster ou Raf Vallone. Quand nous allâmes voir *Le train sifflera trois fois* [1], je me rendis compte qu'il n'était pas indifférent aux beautés blondes, comme l'était sa première femme, qui avait posé «pour des magazines» comme on disait à l'époque. Il me parla de Chaplin, de Garbo, et de Danièle Darrieux dont il avait tant admiré la beauté.

La semaine, souvent il nous entraînait dans les arcades du *Lido*, chez *Carole Paris*, magasin cher, chic et sympa. J'y suis retournée quelquefois. Le propriétaire, brave homme, me traitait encore il y a peu en petite fille et m'offrait des bonbons.

Léo me couvrait de cadeaux. J'avais beau lui répéter «garde tes sous, Pouta». Rien n'était trop beau. Les problèmes d'argent s'éloignaient, la notoriété pointait avec tout ce qu'elle apporte de facilités dans le quotidien, sans encore trop fausser les rapports humains.

La vie changea du jour au lendemain, mais la vedette, le «parolier-compositeur le plus doué de sa génération» lui, ne changea heureusement pas... pas encore.

Je les suivais partout. Des nuits entières en voiture. Pendant les tournées d'été, nous débarquions souvent dans des hôtels sans réservation, avec nos chiens, en pleine nuit. «C'est avec eux ou sans moi», déclarait Léo à l'hôtelier flatté d'accueillir une «vedette», mais inquiet de voir descendre de notre break DeSoto trois énormes saint-bernard frétillants, heureux de pouvoir enfin se dégourdir les pattes. Nous couchâmes quelquefois dans la voiture.

Des journalistes reprenaient les déclarations d'amour de Léo pour sa femme Madeleine, celle

> *qui pousse le dévouement à achever* [les poèmes] *quand il les a laissés en plan et qui lui sert d'impresario* [...], *de metteur en scène, de secrétaire, de garde-malade, de muse, de consolatrice, de ménagère, de doping et de comptable* [2].

1. Film de Fred Zinnemann, 1952.
2. François Fontvieille, 1955.

« Collaboratrice, animatrice, correctrice, Madeleine est tout à la fois [1] », renchérissait Léo.

Elle se plongea dans Rutebeuf, et comme elle le fera plus tard avec Aragon, elle mélangea les strophes, fit un « tri » pour arriver au fameux « Pauvre Rutebeuf », compilation de plusieurs autres poèmes (« La Griesche d'hiver »...).

Jour après jour, les admirateurs et admiratrices devenaient de plus en plus nombreux et envahissants. Une femme très amoureuse de Léo avait, à force de démonstrations d'admiration, réussi à s'introduire dans notre vie. C'était pratique, elle était dentiste, il était temps que Léo et maman prennent un peu soin de leurs « ratiches », disaient-ils, eux qui, *because* finance, avaient laissé jusqu'à présent les choses en l'état.

Malheureusement, la passion qu'éprouvait cette femme devenait de plus en plus encombrante, mais comment le lui faire comprendre sans la vexer, elle qui était si serviable ?

Le temps passa. Léo était exaspéré. Il se fit rare, elle crut que ma mère faisait barrage en lui cachant l'objet de sa flamme. Elle la prit en haine, et commença à lui envoyer des lettres avec des dessins de dents, signes de mort, paraît-il, ou plus clairement des croquis de petits cercueils. Cela allait trop loin.

Un après-midi, le téléphone sonna dans la salle à manger où je faisais mes devoirs, maman répondit et s'entendit reprocher de vouloir cacher l'idole. Léo, à côté, prit le téléphone et devint ordurier :

– N'appelle plus ou je vais te faire enculer par mes chiens.

– Tu es ivre, Léo, gémit la dame en raccrochant.

– Pouta, ça veut dire quoi « enculer » ?

Mon vocabulaire s'enrichissait.

Il me fallait continuer à vivre avec un double langage, celui policé, employé « à l'extérieur » et celui peu châtié, même très cru, employé chez nous sans restriction aucune. Là encore, je me sentais un peu bancale, les « gros mots » venaient d'eux-mêmes,

1. Yvonne Beuque, *Le Monde ouvrier*, 31 décembre 1955.

c'était tellement plus amusant, mais je devais, en classe, exercer un contrôle permanent.

À la maison, aucune censure, mais j'avais parfois du mal à comprendre même le langage courant de mon Pouta. Il aimait l'argot et quand arrivaient quelques contrats intéressants, « l'artiche », « le blé », « les radis », et « l'oseille » faisaient de nos *« quatre vieux murs »* le plus beau potager du monde.

J'apprenais petit à petit ce qu'apportait un début de vedettariat dans une famille. Avec stupeur, je m'apercevais que de plus en plus on inventait notre vie, ma vie. Une petite fille que je n'avais jamais vue racontait avec moult précisions des moments inventés passés boulevard Pershing avec « la fille de Léo Ferré ».

En classe, au lycée La Fontaine, sur nos blouses couleur bis, on nous avait demandé d'écrire notre nom. J'avais écrit BIZY, Léo avait exigé que je rajoute FERRÉ, il voulait m'adopter. « En attendant, disait-il, tu t'appelles Ferré, il n'y a pas de Bizy boulevard Pershing. » Je n'échappais plus aux questions. « Bizy-Ferré, Ferré, ç' a un rapport avec Léo Ferré ? » Si je répondais par l'affirmative, tout était faussé. Je pris l'habitude, par prudence et pour sauvegarder de réels rapports avec les gens, d'éluder la question, voire quelquefois de cacher le nom de Ferré afin de pouvoir mieux juger, ensuite, si amitié il y avait, j'avouais. Non comme une tare, mais comme une fierté, comme un secret de prix.

Il arrive encore à mes amies de cette époque de m'écrire « Bizy-Ferré ».

Le seul nom de Léo Ferré influençait les gens en écartant parfois l'amitié sincère. J'apprenais la vie, je m'habituais aux compliments, mais je n'étais pas dupe.

Mouloudji, Catherine Sauvage, Jacques Douai, Eddie Constantine, Jacques Loussier, Les Garçons de la Rue, les Compagnons de la Chanson, les Frères Jacques venaient apprécier les dîners de ma mère. Je les revois à la maison, autour du piano, en costume « de ville » répéter « L'Homme » ou « Monsieur William », sans geste, sans mimique, tout doucement ; je me rappelle ma surprise et mon émotion un peu trouble, lorsque je les ai applaudis sur scène, dans leurs collants moulants, hautement suggestifs.

Maman me faisait quelquefois l'effet d'être une bonimenteuse, une bateleuse, lorsque, pour caser telle ou telle chanson, elle en vantait les mérites, ou d'une chiffonnière lorsqu'elle récupérait des textes ou des musiques jetés à la poubelle par Léo, comme ce fut le cas pour « Le Guinche » et « Le Temps du tango » de Jean-Roger Caussimon, musique que j'ai entendue être composée par Léo pendant toute une nuit, chanson sauvée de justesse au petit matin par ma mère qui appela vite au téléphone Jean-Roger en lui demandant de danser main dans la main avec Léo pour montrer combien ce tango était réussi. La démonstration fut convaincante.

Léo, lui, se déchaînait contre les interprètes qui se permettaient de changer un mot de ses textes, ainsi Eddie Constantine qui transforma un vers des « Amoureux du Havre » qui *« sont faits pour le bon Dieu »*, alors que Léo avait écrit qui *« se fichent du bon Dieu »* ; ainsi Cora Vaucaire qu'il accusait de confondre le cœur et le cul : *« et droit au cul quand bise vente »* transformé en *« et droit au cœur »*. Ses foudres étaient terrifiantes de violence et de méchanceté.

Il usera de la même violence contre ma mère, bien des années plus tard.

Très peu de chanteuses étaient épargnées. J'ai entendu sans agressivité, et même avec une certaine gentillesse, les noms de Suzy Solidor, Georgie Viennet, Germaine Montero, Yvette Giraud, Renée Lebas, Georgie Viennet, Colette Renard, Patachou… et tellement d'horreurs sur Odette Laure, Michèle Arnaud (celle qui avait « le derrière sur figure »), Juliette Gréco (« entraîneuse au *Tabou*[1] » « qui ne m'a chanté que lorsque je n'en avais plus besoin[2] »). Pourtant en 1955, quand cette chanteuse avait interprété « Dieu est nègre » à l'*Olympia*, Léo, poussé par ma mère, l'avait remerciée gentiment en public.

Avec Catherine Sauvage, pas de soucis, pas besoin de faire

1. Jean-Claude Mazeran, *France Soir*, 12 janvier 1969.
2. *Paroles et Musique. Spécial Léo Ferré*, juin/juillet/août 1985.

l'article, la fidèle et courageuse Catherine, celle qui disait à Léo : « Montre-moi les chansons dont personne ne veut ! » Elle est celle qui l'a aidé avec courage à les imposer. Je la revois, les cheveux très courts, roux pour ne pas dire orange, dans une étonnante robe vert cru, appuyée au piano à queue, s'essayant à chanter « Nous les filles [1] », initialement « Vous les filles », texte que Léo avait adapté pour elle. Pourtant, vers 1965, il devint agressif même avec elle, car elle avait chanté une certaine Marie Noël, Catherine n'aurait dû exclusivement chanter que du Léo Ferré, il lui avait fait des reproches. Elle n'avait pas cédé.

C'est fou le nombre de personnes avec qui Léo s'est fâché, j'ai baigné dans l'excès, il m'en est resté quelque chose.

Souvent, ces intrépides interprètes restaient dîner à la maison, c'était l'occasion alors pour Léo de s'amuser des potins du milieu du show-biz. Une vraie pipelette. J'ouvrais mes oreilles. Peu de chanteurs trouvaient grâce à ses yeux, peu de gens en général. Il en fut toujours ainsi, du moins « de mon temps », car, dans sa vie d'après, il a déclaré aimer beaucoup de monde et ses manifestations de grande amitié et même d'amour à des admirateurs zélés m'ont toujours paru suspectes ou tristes à interpréter.

Aznavour « qui avait encore son grand nez mais pas la grosse tête » était à peine épargné [2]. Léo réagira violemment lorsque plus tard il entendra sa chanson « For Me Formidable [3] » alors que lui-même avait écrit auparavant « La Langue française » (1962). Il s'estimait copié.

Il se moquait de celui qu'il appelait l'« abbé Brel », plus particulièrement d'un vers de la chanson « Ne me quitte pas [4] » : « *Je t'offrirai des perles de pluie venue d'un pays où il ne pleut pas.* » « Cela ne veut rien dire », raillait-il en imitant assez méchamment la voix du chanteur. Il ironisait en ne se trouvant pas « assez intelligent [5] » pour comprendre Guy Béart...

1. « Nous les filles ».
2. Jean-Claude Mazeran, *op. cit.*
3. Paroles de Jacques Plante, musique de Charles Aznavour, 1964.
4. Paroles et musique de Jacques Brel, 1959.
5. *Cinémonde*, *op. cit.*

Toujours rancunier, il n'avait pas oublié que Montand avait refusé de chanter « Paris-Canaille », car il avait déjà une « chanson de gangster ». Il reprochait à Jean Ferrat de n'avoir pas gardé son vrai nom, Tenembaum, d'être « engagé », de ne pas avoir un talent excessif. À Nougaro, ses emprunts au jazz; à Gainsbourg, ceux à Chopin, à Brahms et à Beethoven. Il n'appréciait pas, mais alors pas du tout son point de vue sur la chanson dite art mineur, pour lui, c'était un véhicule qui doit violer les gens. Il le déclarera souvent de différentes manières. Il avait eu un véritable coup de foudre pour Gilbert Bécaud un soir de première à l'*Olympia*, je crois même me souvenir qu'il était spontanément monté sur scène l'embrasser à la fin du spectacle. Il semblait respecter Brassens, mais n'en parlait guère. Il admirait Trenet et lui avait pardonné de ne pas l'avoir encouragé à chanter lui-même ses chansons.

Les commentaires à propos de la fameuse « réunion des trois grands » – Brel, Brassens, Ferré – en 1969 comportent une large part d'erreurs et de complaisance. J'ai entendu Juliette Gréco analyser avec lucidité et justesse cette rencontre symbolique mais assez convenue, les propos très amicaux de Léo qui ont suivi m'ont rendue songeuse.

Les interprètes actuels de Léo pour la plupart me laissent indifférente. Quand on a assisté des nuits entières à la création de ces mêmes chansons, aux essais de leur créateur pour les interpréter de telle ou telle manière, à tous ces tours de chant triomphaux soir après soir, bref, quand on a eu l'original pendant tant d'années à la maison, il m'est difficile, même douloureux d'écouter avec intérêt d'autres chanteurs, à quelques exceptions près.

Verneuil

Entassée avec Denise à l'arrière de notre break, allongée entre les pattes de nos trois saint-bernard, je partais en Normandie, à Verneuil où ils avaient loué à un couple Sadoulas une grande, étrange, belle mais effrayante vieille maison, isolée comme toujours au milieu d'une sombre forêt où Léo lui-même n'était pas rassuré.

Nous partions le samedi matin après mes cours au lycée La Fontaine. Léo au volant attendait devant l'établissement, en râlant régulièrement contre « ces cons de profs » qui l'empêchaient de partir le vendredi soir.

La vieille bâtisse froide, poussiéreuse et grinçante, mettait du temps à se livrer.

Ma mère et Denise s'activaient. Léo obéissait docilement aux deux femmes, qui lui commandaient la plupart du temps de rentrer du bois ou de changer les bouteilles de gaz.

Là encore, aucun confort, l'eau chaude n'arrivait jamais toute seule. Maman faisait la vaisselle à l'eau froide dans des cuvettes par terre. Nous nous lavions sommairement, dehors la plupart du temps. Léo adorait : le calme, la nature et la paix, c'est « sensas », jubilait-il. Je me réjouissais moins et généralement en arrivant je m'esquivais dans les bois sous prétexte de promener nos chiens après le voyage, laissant à mes parents le temps de réapprivoiser cette maison, de la rendre accueillante.

C'est là, dans la forêt, qu'ils recueillirent un soir un bébé hibou abandonné, vite appelé Sosthène, qui fut ramené boulevard Pershing.

Ce Sosthène que j'emmenai au marché de Neuilly, qui faisait le jour oublier sa petite vie sur mon épaule et qui jouait l'empaillé lorsque de retour je le posais sur la cheminée et qu'il guettait d'un œil d'or très rond la cerise sortie du cabas.

Il mangeait peu. Il aurait fallu lui donner des souris vivantes, nous avait-on dit. Nous contournions le problème. Il vécut un certain temps avec nous à Paris, immobile, posé sur le piano, puis il mourut un matin, dans les mains de ma mère. Ils l'enterrèrent tous deux en pleurant au pied d'un arbre de la forêt de Verneuil. Cet épisode de notre vie a été transformé par Léo qui racontera les faits à sa manière en mentant comme il le fera si souvent après 1968, afin d'effacer ses souvenirs, leurs souvenirs. Le livret de *La Nuit*[1] et les «Copains d'la Neuille», chanson du recueil, sont dédiés à «Notre cher petit hibou». Ce «Notre» si précieux pour ma mère qui avait partagé avec son mari ces moments de tendresse et de tristesse à la mort du petit hibou. Fidèle à ses infidélités, Léo fit disparaître le «Notre» qu'il remplacera par «Mon» en inventant même des détails... Il en fut ainsi pour beaucoup de ce qui fut sa vie d'avant 1968. «Je suis un grand provocateur», clamait Léo, il a été aussi un très grand menteur. Ces mensonges, si anecdotiques qu'ils puissent paraître, me font encore mal aujourd'hui.

Odeur du bois dans l'antique cheminée qui fumait près d'un vieux piano à queue noir, promenades à trois dans la forêt, rires et projets de succès. Le bonheur allait de soi.

Je me souviens de Léo évoquant Zola «qui avait habité Verneuil». Découvrant un jour une photo du romancier avec Jeanne Rozeneau et leurs enfants, assis près d'une grande table sous un arbre, j'ai longtemps pensé que le «Paradou» de Zola était la maison même que nous louions, puis je découvris qu'il y avait un autre Verneuil : Verneuil-sur-Seine.

En cette année 1956, les habitants de «notre» Verneuil pouvaient louer des places à la quincaillerie où des associations locales annonçaient les galas de Léo accompagné de Jean Cardon et de Mimi Rosso.

Les départs étaient aussi peu confortables que les arrivées : Léo refusait de rentrer le dimanche soir. Nous devions nous lever à cinq heures du matin le lundi afin d'être à l'heure. Il se souviendra dans un texte[2] du «givre et des lundis funèbres / Dans la voiture vers Boulogne, avec les chiens...» et de «cette petite larguée dans ce lycée d'Auteuil». Plus tard, moi aussi je fus supprimée[3].

Ces réveils avant l'aurore où il fallait s'habiller très vite dans le froid et dans la nuit, cette descente en plein air (ma

1. *La Nuit, feuilleton lyrique*, collaboration de Léo et Madeleine Ferré, La Table Ronde, 1956.

2. «Perdrigal», publié dans *La Rue* (revue anarchiste), n° 3, 1er trimestre, 1969.

3. «Le Loup», première publication dans le *Testament phonographe*.

chambre n'était accessible que par l'extérieur), quelquefois en plein vent par cet escalier branlant effleuré par des arbres noirs et sinistres, étaient particulièrement désagréables. Ce n'est qu'après un petit déjeuner copieux face à un Léo, comme moi, toujours silencieux le ventre vide que toute la maisonnée retrouvait le sourire.

Léo revint à Verneuil avec des admiratrices différentes, je fis de même sans le savoir en louant quelque temps après cette maison avec des amis.

Minou Drouet, André Breton

L'étrange faisait partie de notre quotidien, le numéro de télépathie de Myr et Myroska la nuit à l'*Olympia*, Minou Drouet le jour. Mes parents étaient très clients.

Fin 1954, ma mère reçut de La Guerche, en Bretagne, une longue lettre assez étonnante d'une petite fille de sept ans, Minou Drouet. Elle embrassait « la dame, le monsieur, les deux gros toutous » en racontant avec talent sa toute jeune vie. Quelques mois plus tard, de passage non loin de La Guerche, ils eurent envie de rencontrer cette enfant prodige qui écrivait si bien. Ils y apprirent l'existence réelle d'une petite fille, qu'une voisine décrivit comme assez maltraitée, qui recevait moult « tripotées ». L'institutrice de Minou Drouet fit le portrait d'une enfant mignonne, très obéissante à sa mère adoptive, Mme Claude Drouet, cartomancienne. La petite fille était absente. À son retour, elle écrivit à Léo une longue lettre pleine de fautes d'orthographe amusantes dont elle s'excusait : « Faite pas la grimasse sur mes fautes, je vous écris dans le grenier où on regarde jamais mes gribouillures. » Elle lui parlait de son amour pour la musique et voulait le rencontrer. Intrigué, Léo en avril 1955 contacta la mère et la petite fille en question. Elles furent invitées boulevard Pershing. J'avais onze ans, mon rôle était distribué : faire parler Minou pendant qu'eux occuperaient la mère. Ce fut une mission impossible. Malgré mon application à essayer de lui tirer quelques paroles, Minou resta silencieuse. De leur côté, transformés en véritables Sherlock Holmes, ils observaient cet étrange couple, l'enfant presque muette, la mère très prolixe : « Minou a dit que », « Minou pense que », alors que « Minou » apeurée, presque aveugle, prononçait à peine quelques phrases. Dans les jours qui suivirent, Léo reçut une lettre d'excuses : «Vous avez dû me trouver gougourde hier hein, je pouvais pas parler, hier, c'est que je buvais votre silence [1].» Léo était plus que sceptique.

Cette histoire fit la une des journaux. L'affaire éclata le 11 novembre 1955. Des témoignages furent accablants. Un article paru à la suite d'une enquête de *Elle* concluait à la mystification, à la supercherie, ce que confirmèrent plusieurs experts en écriture qui avaient relevé des analogies très précises entre l'écriture de Minou et celle de sa mère adoptive. Léo, lui-même après avoir consulté un expert, Pierre Foix, conseilla à Julliard de publier, non la fille mais la mère. À la maison il n'était question que de médium, de transmission de pensée, de télépathie, d'état second, de transfert, d'ambition littéraire. « Cela relève de l'ordre médical », conclura-t-il, affirmant qu'il s'agissait d'une pénible imposture. Au commencement, séduit par l'étrange, il aurait aimé y croire, puis cela le mit en colère. Il plaignit cette petite fille en oubliant assez vite cette histoire.

Cet épisode de notre vie nous aura permis d'entrer en contact avec André Breton.

Tout en reconnaissant les qualités poétiques des textes en question, le « pape du surréalisme » avait abouti à la même conclusion et avait cité Léo Ferré comme « l'un des plus grands poètes de ce temps [2] ». Ma mère trouva son numéro de téléphone, le remercia, l'invita à dîner. Il accepta. Je compris à leur fébrilité que notre convive devait être quelqu'un de très important, mais il ne représentait rien pour l'écolière de douze ans. Le soir venu, ce fut moi qui ouvris la porte. Tout de suite très chaleureux, il me fit un baisemain. Ce fut le premier de ma

1. *Paris-Presse-L'Intransigeant*, 23 novembre 1955.
2. *Paris-Presse-L'Intransigeant*, 20 décembre 1955.

vie. Surprise, charmée, gênée – j'avais les ongles suspects –, j'ai adoré ce geste peu conventionnel : «Ne te lave plus jamais la main!» s'écria ma mère en riant.

Je garde d'André Breton le souvenir d'un homme galant, séduisant, étrange. Il revint régulièrement dîner le soir chez nous, quelquefois avec sa fille Aube accompagnée de son mari Yves Elléouët. Il amenait souvent, se souvenait ma mère, quelques amis choisis, Benjamin Péret, Philippe Soupault, Charles Estienne, Joyce Mansour, René Alleau, Toyen.

Les soirées boulevard Pershing étaient particulièrement gaies. Benjamin Péret, dans la cuisine, aidait au service quand il y avait trop de monde.

> *Pendant de long mois trop courts jusqu'à la veille de sa rupture avec Léo, André prenait quasiment pension le soir, boulevard Pershing. Ces soirées, en petit comité d'abord, devinrent de son fait, par la suite de grands banquets-festins suivis d'enregistrements sur magnétophone qui était, à l'époque, un joujou nouveau. Souvent, sur le coup de quatre-cinq heures, alors que j'avais préparé des raviolis pour six ou huit, le téléphone sonnait, je reconnaissais la voix d'André, divine : «Madeleine, est-ce que cela vous dérangerait énormément si je venais ce soir avec X, Y, Z?»*

André Breton ne s'intéressait pas à la musique, il nous récitait des poèmes des soirs entiers, avec sa voix chaude aux intonations si particulières. Je le revois, debout près du piano nous lisant Lautréamont ou *Les Amours jaunes* [1] de Tristan Corbière que ma mère, la «femme de Léo Ferré, le chansonnier parisien bien connu», choisira de réciter à Morlaix. C'est ainsi que, là encore, je retins par cœur, sans même m'en rendre compte, les plaintes déchirantes du «Poète Contumace».

Léo paraissait, chose rare, très intimidé et totalement sous le charme.

1. Tristan Corbière, *Les Amours jaunes*, première publication à compte d'auteur en 1873, réédité en 1953 par Gallimard.

Confusément, des noms, parvenaient à mes oreilles : Valéry, Apollinaire. « Écoute, écoute », me soufflait ma mère, mais j'abandonnais les grandes personnes. Ils auraient aimé tous deux que je reste, m'en faisaient le reproche, mais, élève sérieuse, je voulais préparer mes devoirs de classe pour le lendemain... devoirs de littérature... Si j'avais su que l'histoire littéraire se passait aussi chez nous, si près de moi, dans la pièce en bas de l'escalier...

> *Grâce à André Breton, Léo Ferré vient* [...] *d'entrer dans la littérature. Consécration accomplie par sa présence au sommaire de la nouvelle revue* Le Surréalisme [1].

Benjamin Péret, ainsi que Breton, admirait particulièrement le poème « L'Amour », « chant dédié par Léo Ferré, comme toutes ses œuvres, à sa femme Madeleine [2] », précise Claude Mauriac.

Léo était très fier et très heureux.

« André » passait avec ma mère des journées entières à la salle des ventes de Drouot, où il lui fit connaître et acheter plusieurs aquarelles d'Aloys Zötl [3], que Léo n'oublia pas d'emporter lorsqu'il partit, ainsi qu'une édition ancienne des poèmes de Villon, offerte à ma mère, tendrement dédicacée à « la merveilleuse liseuse », recueil actuellement détenu par notre ancienne femme de ménage, devenue en 1974 la nouvelle Mme Ferré.

André Breton nous rejoignait quelquefois à Verneuil avec Élisa sa seconde femme.

C'est à Verneuil et non à Nonancourt, comme il fut écrit, qu'il « coucha dans une cerise », une chambre dont le papier peint rouge avait pris une couleur délavée qui pouvait faire penser à ce fruit.

1. Claude Mauriac, *Le Figaro*, 28 novembre 1956.
2. *Ibid.*
3. Peintre animalier autrichien (1803-1887).

« André » amassait les œuvres d'art et les trouvailles de toutes sortes :

Souvent, après déjeuner, je disais à Léo : « On fait les antiquaires. » Sournoisement, André acquiesçait. Mais Léo et Élisa faisaient les antiquaires. André et moi, on se contentait de « la brocante » dans l'Eure. Je nous revois par un chaud dimanche d'été, les autres nous ayant largués, devant un superbe bric-à-brac de chiffonnier – ferrailleur qui semblait ouvert au chaland – personne ! Du moins personne en vue. Nous commencions en toute quiétude à fouiller, à trier. Assez vite, le choix d'André devenait conséquent : des vieux chenets tarabiscotés, une table « sublime », pas très grande mais très lourde, à laquelle il manquait une patte, mais il en avait un besoin urgent rue Fontaine ! Un tas de différentes bricoles dont je me souviens seulement qu'elles étaient inutilisables, au sens propre du terme ! Pour André il n'y avait que des sens figurés. Il m'aidait à les extirper et à les porter au bord de la route, prudemment, un peu à l'écart du dépôt. Nous n'avions plus guère figure humaine après ces explorations et devions ressembler à un couple de clodos à ne pas prendre en auto-stop, surtout avec un tel chargement !

Le break de Léo s'arrêta, on chargea. Il était plus que temps, le propriétaire des lieux courait après la voiture en hurlant « Au voleur ! »

Bien calé au fond, André était serein. Il a même dit de sa voix envoûtante : « Il eut été dommage d'abandonner ces objets ! » Léo bougonnait un tantinet, jetant des regards furtifs dans le rétroviseur ; Élisa, qui d'habitude vouvoyait André, vociféra colérique : « Tu t'es regardé dans une glace ? »

Le pape du surréalisme n'était pour moi, ce jour-là, qu'un adorable gamin chapardeur d'étoiles.

Ma mère était totalement énamourée. Elle ne s'en cachait pas, Léo l'était aussi.

Ils avaient pour André Breton une véritable affection, les échanges téléphoniques avec Saint-Cirq-Lapopie étaient fréquents et chaleureux. Pour eux, il ne fut pas l'« ayatollah du surréalisme», tout du moins pas au début, je n'entendais que qualificatifs laudatifs réciproques entre les deux hommes.

La rupture fut brutale, douloureuse, définitive. Elle fut rapportée par Léo lui-même, reprise par de nombreux biographes. Je ne m'y attarderai pas. J'ai assisté à l'insistance, aux encouragements de ma mère pour persuader son mari d'oser demander à André Breton d'écrire la préface du recueil de poèmes de Léo, *Poète... Vos papiers!* Breton accepta dans un premier temps, puis refusa le lendemain matin. Léo l'écrivit lui-même :

> *Le poète n'a plus rien à dire, il s'est lui-même sabordé depuis qu'il a soumis le vers français aux diktats de l'hermétisme et de l'écriture «automatique»* [1].

C'était un sacrilège, une véritable déclaration de guerre. André Parinaud, qui dirigeait *Arts*, publia très («trop» d'après mes parents) vite cette préface en première page de son journal. Léo ne put ni ne voulut faire marche arrière. Breton ne pardonna pas. Léo était devenu à ses yeux «un chansonnier d'une prétention indigente [2].» Son entourage se déchaîna. L'atmosphère à la maison devint pénible. Léo était malheureux. Il s'attristait aussi de voir «ce grand oiseau malade, vieilli, parmi ces loufiats du café Musseta à Paris, entouré de petits mecs qui le singeaient». Il avait demandé s'il devenait sénile «comme Breton», qu'on le lui dise, tout en ajoutant avec lucidité «mais je ne le croirais pas».

En 1962, il fera référence à Breton dans «Les Chants de la Fureur» :

> *À bientôt Dédé à bientôt ici*
> *Quelquefois tu me manques* [3]

Vers qui ensuite seront effacés, tout comme il fera disparaître le nom et même la voix de sa femme, Madeleine.

1. Préface de *Poète... Vos papiers!*, *op. cit.*
2. Cité par Claude Mauriac dans *Le Figaro*, 7 août 1957.
3. «Les Chants de la Fureur».

Est paru en 2006, publié par sa succession, un texte que Léo, avait écrit à cette époque, intitulé « Lettre à l'ami d'occasion ». Cet ami, c'est bien sûr André Breton. Il reproche à celui qu'il avait tant aimé, à la fois son manque de cœur et son talent :

> [...] *vous prenez tout et ne donnez rien.*
> [...] *Vous avez amené chez moi toute une clique d'encensoirs qui en connaissaient long sur le pelotage* [...] *Vos amis sont nauséabonds* [...] *Tous ces minables qui vous récitent avec la glotte extasiée* [...] *vous n'étiez que ça en définitive : un poète raté qui s'en remet aux forces complaisantes de l'inconscient. Vous avez rompu comme un palefrenier, en faisant fi de mon pinard, des ragoûts de Madeleine* [...] *Croyez que je regrette bien sincèrement de vous avoir eu à ma table*[1].

Je ne suis pas certaine que Léo aurait souhaité que cette « lettre » paraisse.

Cette violence, ce mépris affiché pour quelqu'un qu'il avait aimé et admiré profondément, dont la rupture le fit réellement souffrir, est un exemple supplémentaire de la manière dont Léo pouvait cracher sur ce qu'il avait aimé, gommer son passé en le reniant avec rage.

Les poèmes du recueil en question, *Poète... Vos papiers !*, Léo le déclara souvent, furent écrits pour ma mère.

> *J'ai écrit ces poèmes pour Madeleine car elle aime « dire » et voici que nous venons d'enregistrer un microsillon de 40 minutes*[2].

Sur la pochette, les yeux noirs de sa femme. Il interprète dans ce disque deux textes qu'il avait mis en musique : « L'Été s'en fout », « Les Copains d'la Neuille ». J'ai lutté pour que cet enregistrement Odéon[3] figure dans la réédition des *Années*

1. In *Lettres non postées*, *op. cit.*
2. *Tribune de Lausanne*, 3 mars 1957.
3. *Poète... Vos papiers !*, OSX 126.

Odéon, en 1993 et pour que ma mère y figure sous son nom de Madeleine Ferré, comme lors de l'enregistrement du disque en 1956. La succession de Léo s'y opposa et le CD dut paraître « à part », mais il le fut bien sous le nom de Madeleine Ferré.

Quand certains de ces poèmes furent mis en musique après la mort de Léo, j'ai demandé que le poème « Madeleine » conserve son titre originel et non celui tardif et tellement plus anonyme de « Rappelle-toi ». Ce ne me fut pas accordé et ce poème disparut.

Nonancourt

Un peu plus près de Paris, toujours en Normandie, ils achetèrent, près de Nonancourt, une petite maison sans cachet particulier, mais bien protégée des rares voisins par un simple jardin clos de murs. Léo la baptisa aussitôt *Mon p'tit voyou*, titre d'une chanson d'amour « écrite pour ma femme », précisait-il.

Cette période fut l'une des plus calmes de notre vie.

La grosse voiture de Léo m'attendait impatiemment, comme d'habitude le samedi matin, devant le lycée La Fontaine. Ma mère amassait des victuailles à ses pieds et je rejoignais Denise couchée derrière entre les pattes de nos saint-bernard. J'étais aussitôt débarbouillée par trois grosses langues râpeuses.

Des amis, à quelques kilomètres partageaient nos fins de semaines : René Rouzeaud, Chabrier. La vie était là, toute simple et tranquille. Un journaliste résumait : « Une femme qui l'aime, une fille Annie qui n'a aucune envie de chanter avec lui mais tout simplement de devenir vétérinaire [1]. »

L'amour « poussait » bien à la maison.

Léo passait la tondeuse, peignait les murs, essayait de bricoler avec l'aide de mon grand-père. Je dis bien « essayait ». Il m'écrivait de tendres lettres agrémentées de petits dessins qu'il signait tour à tour Pouta de Nonancourt ou Pouta de Vinci. Lorsque je m'éloignais, en vacances chez mes grands-parents,

1. Roger Normand, *Revue de l'accordéoniste*, juillet-août 1956.

il se plaignait, alors que je faisais du cheval, de ne lui envoyer que quelques «gros bibis» entre deux crottins.

Nos visiteurs parisiens étaient peu nombreux, mais sincères et chaleureux. Jean-Roger Caussimon, sa femme, sa fille, leur nouveau-né Raphaël, venaient quelquefois. Les relations furent toujours très chaleureuses avec Caussimon et les siens. Un film témoigne de ces moments paisibles et familiaux.

Un couple d'admirateurs versaillais, avec beaucoup de tact, d'élégance et de moyens, s'était beaucoup rapproché de nous. Lui, Georges, cultivé directeur d'usine, passionné de voitures et de poésie, elle, jolie femme d'une beauté brune et précieuse. Comme beaucoup de nos futurs proches, ils avaient réussi à rentrer dans notre intimité en nous rendant des tas de services, ou plutôt de gros services mais, avec une réelle délicatesse et un désintéressement dont firent rarement preuve d'autres fréquentations. Ils figurent dans mes photos d'adolescente. Léo les évoque dans le *Testament phonographe.* Georges n'est plus. Léo, après son divorce, sut convaincre Josette de lui vendre ses biens immobiliers en viager...

C'est à peu près à cette seule époque que ma vie fut «normale», entre deux parents qui s'aimaient, se disputaient, se réconciliaient, veillaient sur moi. Léo, très paternel et attentif, se montrait toujours inquiet lorsque je m'éloignais sur la petite moto qu'il m'avait achetée : «Ne fais pas le clown, Annie!» criait-il alors que je passais devant lui, en levant les pieds : «Regarde, Pouta, sans les pieds!», «Bientôt ce sera sans les dents!» me répondait-il excédé.

Il continuait à insister pour m'adopter, il voulait que je porte le nom de Ferré, je le contrariais par mes hésitations, j'avais baragouiné un «peut-être plus tard», je ne voulais pas faire de la peine à mon père, et je ne comprenais pas bien comment je pouvais avoir officiellement deux pères. Rien ne pressait.

On ne devrait jamais remettre au lendemain.

C'est de ce temps-là que je garde au cœur
Une plaie ouverte[1]

Costaérès

Nous étions tous les trois déjà une île. Il en fallait une réelle à Léo. La première expérience fut la plus belle à mes yeux.

Loin de la « mer – diterranée » de son enfance, Léo redécouvrit « une mer qui se lave deux fois par jour », qu'il se mit à aimer passionnément. Ils trouvèrent à louer un château en Bretagne, à Ploumanac'h, dans les Côtes-d'Armor. Costaérès appartenait à cette époque à Jeanne Gonnon, ancienne avocate, puis juge d'instruction à Guingamp. Femme énergique, courageuse, bonne vivante, elle avait pratiqué avant l'heure les vertus du « travail d'intérêt général » en faisant quelquefois venir ses inculpés – les mis en examen actuels – travailler à Costaérès.

Château d'opérette datant de la fin du XIXe siècle, acheté par Jeanne en 1947, saccagé par les Allemands, ouvert aux courants d'air, avec ses souterrains et ses oubliettes, Costaérès n'avait aucun confort. Sans électricité, nous nous éclairions à la bougie ou aux lampes à huile ou à piles. Sans eau courante, il fallait chaque matin faire « monter » l'eau dans les citernes en donnant d'énergiques coups de pompe, et économiser

1. « Le Temps des cerises », paroles de Jean-Baptiste Clément, musique d'Antoine Renard, 1866-1868.

le gaz en bouteille si nous voulions, luxe rare, avoir de l'eau chaude.

Effrayée par les dégâts éventuels qu'auraient pu causer nos trois saint-bernard, Jeanne n'avait consenti la première année à nous louer que le rez-de-chaussée, pièces assez quelconques à l'exception de ce qui devint la chambre de mes parents, où un gigantesque lit à baldaquin était adossé à de sombres boiseries en chêne foncé qui, manipulées à un certain endroit, s'ouvraient sur un semblant de passage secret. Des bois sculptés, un lourd coffre noir moyenâgeux, une immense cheminée, le décor de cette chambre était déjà à lui seul un théâtre, source de rêveries plus ou moins effrayantes.

Dès le deuxième été, elle nous laissa l'accès à tout son château, à tous ses mystères.

Un immense salon vitré au premier étage, tel un bateau, pointait sur les Sept-Îles. Dans les tourelles, Jeanne avait aménagé des petites chambres romantiques.

Lorsque la nuit arrivait, le lieu était magique, l'enchantement s'accentuait.

À la lueur d'une bougie, je lisais les *Mémoires d'outre-tombe*[1], je n'étais pas à Combourg, mais je craignais chaque soir de voir apparaître dans l'escalier un vieil homme à la jambe de bois accompagné de son chat.

Léo et ma mère décidèrent assez vite de se mettre sérieusement au spiritisme. Bien décidés à obtenir l'intervention des esprits frappeurs, ils passaient des nuits entières autour d'un petit guéridon à interroger quelques défunts illustres. Installés dans une des petites chambres où, nous avait dit Jeanne, Sienkiewicz avait écrit, ou tout du moins travaillé à *Quo vadis ?*[2]. Léo questionnait tour à tour Hugo, Beethoven, Mozart, Debussy ou Ravel. J'assistais à ces séances, très impressionnée pour ne pas dire tétanisée par les coups, qui résonnaient : un coup, c'est oui, deux coups, c'est non. Les réponses n'étaient pas très

1. François René de Chateaubriand, *Mémoires d'outre-tombe*, Penaud frères, 1848-1850.

2. Henryk Sienkiewicz, *Quo vadis ?*, première publication en français dans *La Revue blanche* en 1896.

claires, même impossibles à décoder la plupart du temps. Ma grand-mère et Denise quelquefois conviées à ces séances restaient sceptiques, soupçonnant ma mère, dans la pénombre, de favoriser les interventions de ces grands hommes. Elles n'avaient pas tout à fait tort.

Jeanne Gonnon était également propriétaire d'une maison aux tuiles rouges sur le port où nous couchions quand nous arrivions trop tard de Paris pour rejoindre en bateau Costaérès. Le matin, c'était Jeanne elle-même qui nous faisait traverser à la rame, dans son petit canot qui croulait sous le poids de nos saint-bernard. Elle nous initia à la Bretagne, nous apprit à poser le trémail, à cuisiner le homard, à engraisser le jardin avec du goémon qu'elle ordonnait, cravache à la main, à un Léo essoufflé, râleur mais rieur, de transporter dans une brouette. Quand elle ne nous faisait pas nettoyer, jardiner, cirer, elle s'occupait de ses glaïeuls et de ses nombreux pigeons voyageurs aux couleurs enchanteresses. Ma mère, élève attentive, apprenait. Léo composait.

Comme d'habitude, il écrivait à ses beaux-parents de tendres lettres, comptes rendus de nos journées bretonnes. Il travaillait sans cesse, ne s'arrêtant que pour nous rejoindre sur la plage afin de nous montrer ce qu'il venait d'écrire, de nous le chanter entre deux baignades. Il nageait très bien, nous faisions des concours de crawl. Un film témoigne de ces instants où Léo, entre deux bains, m'enlace en me chantant «Le Vent» qu'il vient de composer. Plus loin, on le voit faire le clown en dégustant les petits plats de sa femme adorée.

Ma mère, mère nourricière, donnait à manger à tous, à nous, aux chiens, aux mouettes et même un jour à un cormoran qui allait mourir. Pris dans le filet, nous l'avions recueilli et mis à notre table pour le remplumer. Il régurgitait, vomissait, nous étions écœurés, il aurait fallu lui donner des poissons vivants. Là encore, comme pour Sosthène, il nous fut impossible de sacrifier un animal à un autre.

Jeanne devint une véritable amie aux yeux de Léo, lorsqu'une fin d'après-midi elle n'hésita pas, alors que la mer était mauvaise, à se lancer au secours d'Arkel qui, pris au piège par la marée montante, s'était réfugié sur un rocher qui allait être recouvert. Nous ouvrîmes le champagne pour sceller un pacte d'amitié.

Tout l'été, régulièrement du haut-parleur d'une vedette qui se rendait aux Sept-Îles, une voix forte annonçait : « Ici habite un compositeur connu »... cela faisait partie de la croisière – nous nous cachions et Léo éructait : « Ces cons ! »

Plusieurs fois, par hasard, à marée haute, lorsque l'île était toute à nous, il m'arrivait de surprendre bien malgré moi Léo et maman faisant l'amour. Partout, sur un rocher, dans le jardin, dans les couloirs du château, ils se cachaient à peine et riaient quand avaient lieu de telles rencontres.

Léo avait peur de cette mer qu'il aimait tant, c'est avec ma mère seule et les marins de la SNSM [1] que je fis, un jour de tempête, le tour de Costaérès sur une mer déchaînée, toutes deux attachées au bateau de sauvetage – Léo, bien plus raisonnable, tremblait en nous attendant.

Ma mère, avec son sens inné de la mise en scène, nous préparait le soir des spectacles fantastiques et variés. Quelquefois, alors que nous montions dans une tourelle pour nos séances de spiritisme, le vent (elle avait laissé à dessein quelques fenêtres ouvertes) éteignait nos bougies, à minuit des ombres apparaissaient accompagnées de bruits d'outre-tombe, des voix (enregistrées sur un vieux magnétophone à piles, bien caché) prononçaient des paroles inaudibles mais effrayantes.

Nos jours étaient aussi beaux que nos nuits. Il nous arrivait de découvrir – le hasard faisait bien les choses – ce qui semblait être une très ancienne pièce de monnaie, annonciatrice sans aucun doute d'un magot caché. Alors, « l'affreux Jojo » (copain qui n'avait rien d'affreux) était chargé de creuser afin de mettre la main sur un fabuleux trésor enfoui. Seule la crainte de tomber dans tous ces énormes trous nous incita à arrêter nos fouilles ravageuses.

Nous allions faire le plein à Perros-Guirec et revenions prêts à tenir un siège, ou du moins à pouvoir nous isoler pendant au

1. Société nationale de sauvetage en mer.

moins quinze jours. Le luxe, me répétait Léo, c'est justement la possibilité de cet isolement choisi, ne voir personne, ou presque. Il insistait : rien que nous trois et nos chiens. Il concédait « et Jeanne, mais à petite dose », elle était tellement bavarde.

Je n'étais que partiellement d'accord à l'époque, car j'aurais préféré partager les jeux des enfants sur la plage d'en face. Le soir, avec une jeune fille qui passait ses vacances sur la terre, du côté de Tourony, je m'essayais à un langage codé maison grâce à une torche électrique. Cela durait très longtemps. J'ai appris à m'ennuyer, plus exactement j'ai appris à profiter de cet ennui, de cet isolement, que je connaissais déjà.

Quelques amis toujours très choisis venaient nous rejoindre. Des *happy few* tels Benoîte Groult, Paul Guimard, Catherine Sauvage ; d'autres plus anonymes : « l'affreux Jojo », « le gros Gilbert » qui lui était vraiment gros.

Un homme qui travaillait dans le contreplaqué est venu une fois l'espace d'un été. Il nous inspirait de la pitié. Il s'est plus tard approprié des anecdotes, sur cette île qu'il a très peu fréquentée. Il ne faisait absolument pas partie de nos intimes, nous le connaissions à peine à cette époque. Plus tard, il saura s'imposer à toute notre famille, en servant d'homme à tout faire, vraiment à tout.

Les quelques personnes admises dans notre intimité de vacances subissaient de véritables ordalies. Une île met les gens à nu, au propre comme au figuré. On ne peut pas dans une île, sans aucun confort, vivre en talons hauts et se maquiller. Le vent et la mer se chargent vite de tout dévoiler. Certains de nos rares invités s'adaptaient. D'autres repartirent rapidement, vexés d'avoir quelquefois cru en nos sortilèges nocturnes. Le couple Mazart attendit ainsi plusieurs heures, en costume et robe élégante, pieds dans l'eau, sous le crachin, que la marée baisse afin de pouvoir se sauver de cet endroit trop bizarre. Le privilège d'une île est aussi de raccourcir certains délais pour connaître les gens.

Le soir, il nous arrivait de traverser sur le bateau à rames de Jeanne pour aller écouter à *L'Escale* (cabaret transformé depuis en boutique de vêtements marins) Marie Rolland chanter « Nini

Peau d'Chien[1] » ou « Le Dénicheur[2] » que nous reprenions tous les trois en chœur. Les retours quelquefois étaient aventureux, car nous avions laissé le petit bateau s'échouer et un bras de mer nous empêchait de passer à pied pour rejoindre Costaérès. Il fallait alors attendre longtemps que la mer remonte jusqu'au canot, ou bien mes parents me confiaient le porte-monnaie que je tenais entre les dents, et abandonnant dans une cachette nos habits, à moitié nus, nous nagions vers « notre » château qui, éclairé par la lune, se détachait en prenant des airs fantomatiques.

Jeanne vieillissait, elle voulut nous vendre son île en viager. Elle insista « un viager libre ». Après avoir hésité, mes parents refusèrent. Léo avait peur pour sa tranquillité depuis que nous lui louions Costaérès, elle y venait de plus en plus – Léo voulait avant tout la paix et le silence. Elle vendit son château en 1966, cela faisait déjà de longues années que nous l'avions abandonné.

Dans une autre île, dont nous serons cette fois propriétaires, nous ferons tourner les tables, creuserons des souterrains à la recherche d'un trésor, mais jamais plus pour moi le bonheur ne sera aussi parfait.

« J'ai des relations mondaines J'ai des relations[3] »

Louise de Vilmorin admirait Léo. Elle lui demanda de participer à une émission *La Joie de vivre*[4] qui lui était dédiée. Le contact fut chaleureux, elle invita mes parents à des dîners le dimanche au château de Verrières. Ma mère raconta avec une certaine ironie leur première visite.

1. Paroles et musique d'Aristide Bruant, 1889.
2. Paroles et musique de Léo Daniderff, 1912.
3. « Les Relations mondaines », paroles et musique de Charles Trenet, 1959.
4. Émission de variétés diffusée sur la RTF entre novembre 1952 et mai 1960, présentée par Jacqueline Joubert, Robert Lamoureux et Henri Spade.

Je ne sais plus comment on s'est trouvé un soir, le break DeSoto plein de saint-bernard sur le chemin de Verrières-le-Buisson, convoqués à un dîner intime chez Louise de Vilmorin. Léo avait posé un ultimatum : « Je viens, mais avec mes chiens », pensant la décourager. Elle s'inquiéta de leur menu, elle rangerait à l'abri ses teckels nains. Prudemment, on s'arrêta avant, pour la pause pipi, afin qu'ils n'arrosassent point ses fleurs. André, le frère, nous accueillit aux marches du perron. Louise qui arriva aussitôt en boitillant était divine, et Léo devint par la suite dans un célèbre article de Marie Claire *« Le Divin Léo » ! Il y avait Paul-Louis Weller, le mécène de Roland Petit et Renée Jeanmaire (Zizi), le secrétaire de Malraux, un archiduc, des baronnes de. Seul Jules Roy me parut un peu détonner dans cette réunion céleste. Il m'entraîna un peu à l'écart pour me parler de son toutou qui venait de mourir, tandis que je surveillais la queue de mes chiens parmi les porcelaines ! Ciboire déjà en mains, Madame de Vilmorin nous convia à table, plaçant d'emblée Léo à sa droite, me reléguant à un bout de table à côté d'un vieux monsieur très décoré. Tout ce beau monde commençait à me courir. J'allai vers Léo et je lui dis « Si je ne suis pas à côté de toi, je me tire ! » Louise changea immédiatement l'arrangement de sa table et me couva d'un regard plus considérant. Comme j'ai pu le constater par la suite, cette première invitation n'était pas gratuite. Dans le salon bleu « à conversation » elle nous lut ses derniers poèmes, louchant bigrement sur les mains de Léo qui se préparait à payer notre repas en lui jouant ses dernières chansons ! Être mise en musique par l'anarchiste à la mode était du dernier cri. Nous sommes partis, tard dans la nuit, chargés de manuscrits signés de son trèfle à quatre feuilles.*

« Louise » ne garda pas rancune à ma mère de son trop-plein de naturel, bien au contraire, dans *Marie Claire*, sous le titre « Le Divin Léo », elle rendit hommage à l'amour du couple Ferré :

Léo et Madeleine viennent quelquefois chez nous, et comme nous les aimons bien c'est chaque fois une fête. [...] *Madeleine et Léo forment un couple exemplaire, digne de faire envie à tous les couples et l'on éprouve en leur présence, ce sentiment de bonheur qui se dégage d'une union parfaite. Depuis huit ans, ils ne se sont pas quittés, et c'est à Madeleine, collaboratrice indispensable à son mari, que Léo doit ses plus grandes réussites, car, lorsqu'il écrit des poésies ou des chansons trop longues, c'est elle qui les raccourcit pour n'en garder que le meilleur et faire ressortir ainsi leurs qualités essentielles*[1].

Ma mère a été, dans ses jugements, parfois injuste envers cette femme. Léo se montra tout aussi critique envers les mondanités du dimanche soir à Verrières. Cependant, ma mère évoqua dans son manuscrit avec gentillesse «cette femme qui me fut toujours charmante» et Léo, qui ouvertement critiqua un certain temps la théorie peu féministe de la romancière selon laquelle, au dîner, une femme doit se tenir debout en silence, telle une servante, derrière son homme qui mange, n'était pas loin d'apprécier ce comportement ancillaire.

Si la romancière fut parfois excessive dans ses déclarations «J'aime à la folie Léo Ferré», et particulièrement chaleureuse dans sa dédicace de *L'Alphabet des Aveux*[2] :

Mon cher Léo, vous êtes ici ce soir et nous vous aimons, mes frères et moi, vous qui êtes l'âme de nos plus beaux soirs. On vous embrasse de tout cœur, votre Louise, à Verrières le 25 février 1956[3].

Elle était surtout intéressée par Gaston Gallimard. Il n'y eut jamais entre eux, comme j'ai pu le lire, une quelconque histoire d'amour. Léo lui consacra deux vers dans le *Testament phonographe*. Mes parents ont tous deux admiré cette très séduisante femme.

1. *Marie Claire*, octobre 1956.
2. Louise de Vilmorin, *L'Alphabet des Aveux*, Gallimard, 1954.
3. Dédicace, archive personnelle.

« C'est la nuit qu'il est beau de croire à la lumière [1] »

Lors d'une soirée à Verrières, ils firent la connaissance de Roland Petit et de Zizi Jeanmaire. Naquit le projet d'un ballet qui serait à la fois dansé et chanté. Ils m'en firent part avec enthousiasme le lendemain matin. Partageant tous deux l'amour des animaux, un anthropomorphisme quotidien et le goût de la nuit, l'idée d'associer des animaux sur ce thème les avait naturellement séduits et inspirés. Quant à l'idée d'écrire ce « feuilleton lyrique » sous la forme d'un procès, rien d'étonnant quand on connaissait le goût de Léo pour le droit, pour ces hommes de loi sur lesquels il cracha abondamment mais qu'il utilisa si souvent.

Le 12 juillet 1956, Léo reçut une lettre d'engagement de la Société des ballets de Paris signée de Robert Petit, frère de Roland, afin de présenter au Théâtre de Paris « une œuvre d'environ trente minutes ». Le 21 juillet, Léo confirma par écrit cet accord verbal sur la répartition des droits d'auteur : « 3/4 pour moi-même, 1/4 pour vous-même », accordant à Roland Petit, une période d'exclusivité de trois ans. Le 17 août, Robert Petit lui adressa pendant nos vacances à Costaérès une lettre afin de préparer le programme. Ma mère en écrivit la présentation :

Une nuit, la Nuit fut arrêtée, comme ça, dans un bistrot qui abritait ses copains. De quoi l'accusait-on exactement ? D'être la Nuit, avec son cortège insolite de poètes faméliques et d'enfants traqués. Lorsque « ceux du jour » la convoquèrent au Tribunal et que Monsieur Le Coq fut bien décidé à réclamer sa tête, elle apparut sous la forme d'une femme et cette nuit-là, la lune, les étoiles, les bougies, les amants vinrent à l'étrange rendez-vous et même un hibou solitaire quitta son vieux sapin et revêtit la robe des avocats pour affronter Monsieur Le Coq et plaider pour Elle. Mais Monsieur Le Corbeau n'eut pas à

1. Edmond Rostand, *Chantecler*, 1910.

juger cette « affaire » et si par hasard vous rencontrez la Nuit au coin de vos rêves, à l'instant où son manteau constellé glisse sur l'aube naissante, regardez-la, parce qu'elle est belle[1].

« À notre cher petit hibou », Sosthène fut naturellement le dédicataire du livret.

Toutes bêtes, qu'elles soient à poils ou à plumes, faisaient partie de notre bestiaire. Quand ma mère abandonnait Racine ou Apollinaire, elle aimait me lire Colette, Edmond Rostand ou Jouhandeau en me faisant rire lorsqu'elle me racontait combien Marcel, qui aimait tant sa petite poule Folette, écrivait regretter dans certaines circonstances de ne pas être un coq ! Léo se moquait gentiment, mais écoutait avec attention.

Bien que fortement inspiré de l'œuvre de Rostand, le symbolisme des animaux est totalement opposé chez les deux poètes. Dans *Chantecler*, le héros éponyme est un coq prétentieux mais sympathique et courageux, il se transforme dans *La Nuit* en ennemi juré : un implacable avocat général. Les oiseaux de nuit, la chouette, les hiboux, comploteurs dans l'œuvre d'Edmond Rostand, deviennent des animaux complices chez Léo. Sa basse-cour imaginaire prenait forme, moins d'animaux, pas de prétentieuse pintade, de merle railleur ou de pigeon employé des postes. Dans le petit livret, paru en 1956, on peut découvrir des moments de poésie lyrique que Rostand n'aurait pas désavoués.

Enthousiaste, Léo adressa à mes grands-parents maternels, dénommés par lui le Biquet et la Biquette, une dédicace les « félicitant encore d'avoir fait, probablement une nuit, cette Madeleine qui m'est si chère. Léo Pouta ».

Léo appréciait « Zizi », mais se montrait plus nuancé pour Roland Petit. Les deux danseurs avaient voulu donner à ce spectacle la forme d'une revue de music-hall. Avec sa voix gouailleuse et enjôleuse, enroulée autour du micro, une robe

1. Présentation de *La Nuit, feuilleton lyrique*, programme *La Revue des ballets de Paris 1956-1957*.

noire ouverte sur ses belles jambes, lorsque Zizi récitait « La Sorgue [1] », elle était éblouissante de sensualité et de charme.

Les difficultés à surmonter étaient nombreuses : représenter au théâtre des idées en se servant d'animaux, mélanger les genres, ballet et chansons, le public pouvait être désorienté. Les interprètes firent des caprices, les costumes des danseurs-animaux, pourtant moins réalistes et sophistiqués que chez Rostand, n'étaient pas terminés à temps.

Le spectacle était déconcertant, insolite. Trop sans doute.

Le soir de la couturière, ils m'envoyèrent sur scène offrir des roses à Zizi. Entourée des danseurs en costume, elle saluait le public qui applaudissait très fort. Mais après la générale, devant la presse, ce fut l'hallali. Le spectacle fut démoli avec un véritable acharnement. *La Nuit* ne fut jouée que deux fois. Roland Petit, sans que le « vrai » public ait pu juger, voulut que Léo fasse d'importantes coupures. Par lettre recommandée du 2 octobre 1956, Robert Petit prit acte que l'auteur s'y opposait et préférait retirer son œuvre du programme. Il lui signifia la suppression de *La Nuit*. Des extraits de la lettre en réponse de Léo furent souvent rapportés. Roland Petit avait fait savoir à la ronde que Léo n'était pas Stravinsky (qui lui avait accepté de « couper » dans sa musique), ce à quoi Léo lui répondit que lui, Roland Petit, n'était pas Diaghilev, en ajoutant que la poésie incluse dans une histoire « ne se détaille pas comme du jambon » et qu'il n'avait rien vu, rien entendu de ce qu'il avait « écrit, pensé, transpiré, aimé ». Il s'y plaignait que son nom puisse servir à des fins commerciales et il citait *in fine* une phrase de Marcel Pagnol qu'il avait coutume de me répéter à la moindre occasion : « L'honneur, mon petit, c'est comme les allumettes, ça ne sert qu'une fois. »

Quoi qu'il ait pu en dire, Léo fut très atteint par cet échec. J'ai partagé son amertume. Nous ressentîmes tous les trois une véritable blessure face à ce rêve brisé, cette féerie incomprise.

La Nuit reste à tout jamais un souvenir marquant de mon enfance.

1. In *Poète... Vos papiers !*, *op. cit.*

La collaboration de ma mère à cette œuvre fut remise en cause par la nouvelle famille de Léo qui accepte d'accorder à ma mère tout au plus un petit rôle d'« assistante familiale », surtout pas de collaboratrice. Depuis vingt ans, la succession de Léo cherche à effacer le nom de Madeleine Ferré de la vie de son ex-mari. Je continuerai tant qu'il est possible, de toutes mes forces, à lui redonner un peu sa place dans la vie et l'œuvre de celui qu'elle a tant aimé et tant aidé.

Ce thème de la nuit ainsi qu'une grande partie du texte originel fut repris par Léo en 1983 [1] et représenté sur la scène du théâtre Déjazet.

J'y suis allée avec mon mari qui soutenait ma mère, spectatrice discrète en pleurs.

Gabriel Terbots

La manière dont nous connûmes Gabriel Terbots, je ne m'en souviens plus. Peintre tchèque, beau, sans un sou, souvent ivre, il avait tout de l'artiste maudit. Petit-fils de Tchekhov ? Peut-être... Léo l'affirmait. Il vantait son talent, ma mère faisait acheter ses toiles par toutes leurs connaissances, y compris par mon propre père. Ils emmenèrent Gabriel à Verrières chez Louise de Vilmorin, après lui avoir fait un petit cours de bonne conduite. Il y rencontra Laurence Olivier et Vivien Leigh qui l'invitèrent chez eux en Angleterre afin qu'il fasse leur portrait. Paul-Louis Weiller, mécène milliardaire s'intéressa à lui et proposa de l'héberger, de le nourrir, dans une sorte de pension de famille pour artistes dans le besoin. C'était une chance. Malheureusement pour notre peintre, il y était dicté des règles très strictes : pas d'alcool, pas de femme, pas de chien. Inacceptable pour Gabriel qui aimait boire, draguer et vivait avec une inséparable petite chienne. Rapidement, il fut à la rue, ne peignit plus. Mes parents lui proposèrent alors un marché : se retirer chez nous, à Nonancourt pour quelques mois ; ainsi

1. *Opéra du Pauvre*, 1983.

logé et (bien) nourri, il pourrait travailler et nous donnerait en échange quelques tableaux. Léo lui assura qu'il allait organiser une exposition. Il fut décidé que Denise, avec les saint-bernard, l'accompagnerait dans cette retraite fructueuse. Il accepta. Nous le retrouvions les fins de semaine. Il recommença à peindre, mais au bout de quelque temps : « Pourquoi tu fais la gueule, Gabriel ? Qu'est-ce qu'il y a ? » demanda Léo à un Gabriel taciturne. Il se mit à penser que peut-être notre peintre se sentait exploité, estimant que les tableaux qu'il nous donnait étaient sans commune mesure avec ce que nous lui offrions. Il n'en était rien. Enfin, Gabriel se confia : « J'ai besoin d'une femme ! »

Il la voulait jeune, blonde, sensuelle, bref, il passa la commande.

Nous nous retrouvâmes un soir, pour boire un dernier verre après un tour de chant, près du métro Mabillon, dans le sous-sol du café *La Pergola*, l'ancien *Arlequin*, que Léo connaissait fort bien. Ce soir-là, ma grand-mère maternelle, venue applaudir son gendre nous accompagnait. Ma mère repéra près du bar une jeune femme un peu perdue et aguichante. « Invite-la à danser, pense à Gabriel », suggéra-t-elle à son mari. Il y alla, avec timidité et réticence. Il eut peu de succès, pas dragueur, pas habile avec les femmes, il les laissait venir, plus il sera connu, plus elles viendront.

Et quant aux pépées
J'aurai plus qu'à m'baisser
Ou qu'à les ramasser
À moins qu'ell's sach'nt grimper[1].

Elles sauront grimper de mieux en mieux.

À cette époque, ce n'était pas encore le cas et la jeune personne ne savait pas qu'elle dansait avec une future « gloire de la chanson française ». Léo revint bredouille. Ma mère invita à son tour la jeune femme à danser. J'étais interloquée. Quant

1. « T'en as ».

à ma grand-mère, bien que prévenue de notre but et prête à en rire, elle trouvait que «ses enfants» allaient un peu loin. Une demi-heure plus tard, convaincue qu'un petit séjour à la campagne, nourrie, logée en compagnie d'un beau futur illustre peintre serait une expérience intéressante, la dame en question partit avec nous pour la Normandie. Gabriel avait la bonne bouffe, l'alcool, le service, le chien… et la femme. Ils se plurent pendant un mois, puis il choisit de retrouver sa vie d'avant, nous laissant quelques-uns de ses tableaux. Une exposition fut organisée par Léo [1]. Tous les espoirs étaient permis, rien n'aboutit.

«Un jour, à sa mort, prédisait Léo qui ne perdait pas la boule, les Rothschild sortiront les tableaux de Gabriel qui sont dans leurs coffres. Ce jour-là Gabriel sera reconnu et nous serons riches.» Gabriel, mort en 1992, demeure un peintre inconnu qui ne le restera peut-être pas toujours.

1. En avril 1956 dans une galerie du quai Voltaire.

«J'ai plus de souvenirs que si j'avais mille ans[1]»

1957-1958. Ces années-là furent particulièrement fastes et les souvenirs se bousculent.

Léo avait pris le relais pour officiellement payer à la place de mon grand-père maternel notre redevance d'occupation à la préfecture de la Seine. L'argent rentrait grâce aux tournées dans les grandes villes de France.

Après un gala triomphal au théâtre des Célestins à Lyon, tous deux visitèrent l'imprimerie du *Progrès*. Le compte rendu enthousiaste que m'en fit Léo au retour m'incite à penser que cette visite le confirma dans son envie un jour de devenir lui-même imprimeur. Depuis un certain temps déjà, parmi les très nombreux courriers qu'il me demandait d'ouvrir pour lui, il mettait de côté toutes les publicités concernant l'imprimerie.

Léo restera toujours fidèle à Maurice Joyeux et à Suzy Chevet. Il acceptait gratuitement quelques galas pour le groupe libertaire Louise-Michèle comme il le fera pour le dixième anniversaire de la constitution de la CGT-FO.

Il portait aux nues sa femme. Les journaux faisaient écho.

Je continuais à recopier pour chaque gala l'ordre des chansons sur de grandes feuilles préparées par ma mère. La coopération familiale était bien réglée et si nos chiens avaient pu écrire…

1. Charles Baudelaire, «Spleen» in *Les Fleurs du mal.*

J'allais avoir treize ans, je les suivais partout, quelquefois en traînant les pieds, car j'étais très sérieuse (trop me reprochaient-ils), le lycée La Fontaine ne plaisantait pas et les veilles de « compo » c'est moi qui avec force refusais de les accompagner.

En 1957, je les rejoignais tous les soirs, après mes devoirs dans une petite salle place du Tertre *Chez Plumeau* où Léo se produisait assez tard dans la nuit. Vers minuit, j'arrivais en taxi, signe que nos finances s'arrangeaient. C'est dans ce cabaret que je connus « Po-Paul » qui devint le pianiste attitré de Léo. Aveugle à la suite de l'erreur d'une infirmière qui s'était trompée de collyre à sa naissance, c'était un homme d'une culture encyclopédique. Je me souviens de nos conversations interminables pendant nos longs trajets en voiture lors des tournées. Ses mains ne cessaient de parcourir fébrilement ses livres en braille, gestes qu'il arrêtait momentanément pour se taper sur la cuisse violemment, et se plier en avant pour rire de ses propres plaisanteries. Je ne comprenais pas cette gaieté constante : « Être aveugle est moins pénible que d'être sourd », m'avait affirmé Léo, cela me paraissait difficile à croire, mais Po-Paul nous le démontrait quotidiennement. Lorsqu'en classe il fut question de décrire un épisode cocasse de nos jeunes vies, j'ai raconté comment Po-Paul aidait les aveugles à traverser les rues. On ne m'a pas cru, on a trouvé mon récit trop farfelu, « Bonne idée, mais invraisemblable », avait résumé la correctrice, et pourtant c'était vrai.

Entendant Léo au piano jour et nuit, j'ai voulu apprendre moi aussi. Sans chercher plus loin, il me proposa son pianiste comme professeur et m'installa face au piano entre les grosses cuisses de Po-Paul afin que celui-ci puisse me tenir les mains pour les maintenir sur les touches en me donnant un cours. Je n'étais pas à l'aise, son gros ventre contre mon dos, ses mains sur les miennes… Cette proximité me gêna, au bout de deux séances, trop pudique, je mis fin à ces leçons.

Tous les trois appréciions ses reparties, sa liberté d'esprit, son humour qui s'exerçait envers et contre n'importe qui. Il ne flattait personne, même pas son employeur principal Léo. C'était réjouissant et rare. Au bout d'un certain temps, celui-ci devint plus exigeant en critiquant les improvisations sauvages de son pianiste et commença à se plaindre : «Tu ne joues pas MA musique.» Lors des longues et passionnantes discussions, Po-Paul donnait la plupart du temps raison à ma mère contre Léo. Ils s'entendaient extrêmement bien tous les deux, sauf quand il sera question de chimpanzé. Je découvris pourtant lors du divorce qu'il avait témoigné contre elle. J'en fus extrêmement surprise. Je pense qu'on a dû lui tenir la main au propre comme au figuré. L'attestation est tapée à la machine, la signature de Po-Paul bien petite, je connaissais leur amitié.

Cette année-là fut enregistrée « La Chanson du Mal-Aimé » et je passais mon temps au studio, le cœur battant pour ce Petit Chanteur à la Croix de Bois.

Année également marquée par un début d'amitié avec Pierre Mac Orlan qui témoigna à Léo toute son admiration par de chaleureuses lettres se terminant toutes par «Votre vieil ami, Mac». En février 1957, il écrit espérer rencontrer l'auteur de *Poète… Vos papiers!* En 1959, il fait parvenir à Léo des textes à mettre en musique [1]. En avril 1960, il leur assure avoir envoyé le bulletin de « La Fille des Bois [2] » à la SACEM, et propose d'autres textes. En 1961, il leur confie sa déception de ne pas avoir de nouvelles, en leur annonçant que d'autres « jeunes compositeurs » vont le mettre en musique, mais il confirme son amitié et leur garantit qu'il serait heureux de voir un jour leurs deux signatures côte à côte.

1957, année du centenaire des *Fleurs du mal*, j'entendais non-stop les douze poèmes de Baudelaire que Léo mettait en musique [3]. Accompagnée par lui au piano, je valsais dans les bras de Denise sur la musique d'« Harmonie du soir » qu'il venait de composer. J'essayais ensuite de le comprendre quand, clignant des yeux, tout doucement, il susurrait à maman :

1. « Le Clochard » plus tard mis en musique par André Astier, « Comptine » mise en musique par Philippe-Gérard.

2. « La Fille des Bois ».

3. Léo Ferré fera deux disques des *Fleurs du mal*, l'un en 1957 et l'autre en 1967.

Nous aurons des lits pleins d'odeurs légères[1]

C'était le temps où, tel un Janus féminin, chignon strict, chaussures plates, élève studieuse le jour, je me maquillais le soir, chaussais de hauts talons, laissais tomber mes cheveux, et passais mes nuits dans les coulisses, puis dans les soirées mondaines ou avec eux dans des lieux dits malfamés. Ils m'entraînaient, très mineure, dans les boîtes de strip-tease de Mme Martini à Pigalle, où j'assistais ébahie et effrayée au spectacle de jeunes femmes nues qui se faisaient fouetter sur scène.

À cette époque, Léo semblait apaisé. Notre bonheur se reposait, et, dans mes souvenirs, seul le nom de Ionesco le mettait en rage. Il n'aimait ni l'homme ni l'œuvre.

En janvier 1958, pochette de soie rouge et costume de velours noir, accompagné de Po-Paul au piano, de Mimi à la guitare (Emmy Rosso), de Jean (Cardon) à l'accordéon, il chanta en seconde partie à *Bobino*. Je me souviens des imitations de Jean Valton, du folklore inca des Guarani, du violoncelle de « La Fleur », un des Faux Frères.

La presse rendit compte du succès :

> *Un Ferré tout neuf qui pendant trois ans a pris assidûment des leçons de diction, de mimique et de chant*[2].

Ma mère se sentait récompensée. Seul ou presque, Frank Ténot[3] voulut sans doute faire un jeu de mots avec le « Piano du pauvre » : « Léo Ferré ou le music-hall du pauvre. » Ce n'était pas encore trop méchant, mais un journaliste du *Canard enchaîné*, Clément Ledoux, déclenchera l'ire de mon beau-père contre les « enchaînés du caneton ». Il en fut de même

1. Charles Baudelaire, « La Mort des Amants » in *Les Fleurs du mal.*
2. André Ransan, *L'Aurore*, 9 janvier 1958.
3. Frank Ténot (1925-2004), pataphysicien et critique de jazz, créateur avec Daniel Filipacchi de l'émission *Salut les copains*.

plus tard lorsque Yvon Audouard annonça la mort de Léo [1]. À la maison, on était près du meurtre. Il fut même question de tueur à gages ! À quatorze ans, malgré mon expérience des outrances verbales de Léo, je fus inquiète et je me rappelle lui avoir demandé si vraiment il en avait l'intention…

À la fin de l'année, à la *Villa d'Este*, je m'amusais à écouter Jacques Bodoin qui récitait avec humour la table de multiplication – enfin « seulement la musique ». Léo, debout, face à un public aisé venu assister à des dîners-spectacles, avait accepté à contrecœur de passer de nouveau dans un cabaret.

La presse, là encore, fut élogieuse.

À cette même époque, il refusa encore une tournée au Canada, car nous aurions dû mettre nos chiens en quarantaine. Il n'en fut pas question.

Quand il fera partie de l'« écurie Barclay », maman déguisée en putain rousse, moi en gitane, Léo, torse nu, corsaire tatoué du nom de ses chansons, nous nous rendrons aux soirées d'Eddy où il y avait « à boire et à manger, au sens propre comme au figuré », commentait ma mère avec humour. Nous nous amusions bien, conscients d'être un peu « à part », face à tous ces courtisans qui entouraient le maître de maison. Nicole, sa première femme, confiait sa détresse à ma mère qui était loin d'imaginer qu'à son tour, un jour, elle souffrirait elle aussi d'avoir tant donné à son mari et d'être rejetée après avoir tant servi.

Dans le bois de Boulogne, au très chic *Relais d'Ermenonville*, j'ai servi d'interprète à un jeune homme, au triste costume gris, à l'air emprunté, présenté par Barclay. Il ne parlait qu'anglais, je ne fis pas attention à son nom. J'ai dansé sagement avec lui un slow banal, il m'invita quelques jours plus tard à l'*Olympia* où il débutait. Vêtu de cuir et de chaînes, rampant sur scène,

1. « Léo Ferré enlevé prématurément à l'affection des siens », *Le Canard enchaîné*, 23 septembre 1964.

j'eus du mal à reconnaître mon sage danseur en ressentant un de mes premiers émois sexuels, il s'appelait Vince Taylor [1].

Que de nuits passées avec Bernard Dimey, poète de grand talent qui noyait sa vie dans l'alcool. Régulièrement, il faisait part à Léo de son admiration inconditionnelle, mais il nous arrivait, hypocritement, de le fuir alors qu'il espérait continuer avec nous nos « virées » jusqu'au petit matin.

Claude Autant-Lara [2] invita un soir mes parents que j'accompagnais à venir assister à la projection privée des *Régates de San Francisco* [3]. Nous nous retrouvâmes ensuite à dîner dans un restaurant au bord de la Seine en compagnie de Brigitte Bardot et de Samy Frey. Je fus séduite par ce couple à la beauté éblouissante pour elle, ténébreuse pour lui, mais je demandai à partir avant le dessert, car j'avais une épreuve en classe le lendemain matin. « Brigitte est fatiguée », annonça en même temps Samy Frey ; ma mère ne doutant de rien lança alors un sonore « Alors vous pouvez raccompagner Annie », « Je ne peux tout de même pas la mettre sur mes genoux », protesta BB. Ils avaient une MG, je crois. Vraiment ma mère exagérait.

Le soir à la maison, alors que tous les trois commentions le dîner, je leur racontai : « Il y a dans ma classe une élève qui pourrait faire du cinéma, devenir aussi connue que Brigitte Bardot tant elle est belle. Elle s'appelle Catherine Dorléac. » Plus tard, Catherine Dorléac, devenue Deneuve, accompagnée de Vadim, une nuit que je la croisai à une réception organisée par Barclay au *King Club* [4], après la première de l'*Alhambra* en l'honneur de mon beau-père, me lâcha un « Qu'est-ce que tu fous là ? » Malgré le BIZY-FERRÉ inscrit sur nos blouses du lycée, camarade de classe, elle n'avait pas fait le lien. Je fus

1. Vince Taylor (1919-1991), chanteur de rock britannique à l'allure de « mauvais garçon ».

2. Claude Autant-Lara (1901-2000), réalisateur, entre autres films, du *Diable au corps* (1947) ou de *La Traversée de Paris* (1956).

3. Film de 1959 dont Danielle Gaubert et Laurent Terzieff étaient les deux principaux acteurs.

4. Boîte de nuit à la mode dans les années 1960, rue de l'Échaudé à Saint-Germain-des-Prés.

un peu vexée, mais satisfaite de constater que j'avais réussi à garder mon secret.

Le film d'Autant-Lara ne fut pas épargné par la critique. L'homme ne le fut pas non plus. Léo, qui avait aimé ce film et connaissait l'amertume des échecs, qui partageait avec le réalisateur sa haine de la censure, des bourgeois, des curés, des militaires, son amour des chiens, et… son attrait pour Danielle Darrieux, lui envoya un télégramme dont le brouillon fut rédigé par ma mère, il y exprimait avec force son admiration pour ce film et son courage et son talent face à la « bêtise puritaine ».

Le 2 mai 1960, Claude Autant-Lara le remercia par une lettre chaleureuse d'avoir bien su voir dans *Les Régates* non un film immoral, mais l'histoire d'une puberté racontée avec franchise. Il y exprimait sa volonté de donner au public le goût d'un cinéma libre, sans entraves ni politiques, ni religieuses, ni morales. Il manifestait à Léo sa profonde reconnaissance, voyant en lui un ami dont les encouragements l'aidaient à lutter contre de « véreux financiers et des âmes vicieuses ».

Léo confirmera à plusieurs journalistes son admiration pour ce film[1].

Cet hiver-là, il insista pour m'envoyer aux sports d'hiver. « Là où va Barclay, ça doit être bien », m'a-t-il proposé sobrement. Il voulait le meilleur pour moi : « Le *Christiania* à Val d'Isère, ça t'va ? » en m'offrant même d'y amener une amie. « Celle que tu veux. » Françoise Martinet, copine de classe, profita de cette invitation. Nous passâmes une semaine à faire des caprices de milliardaires dans notre suite du palace. Le père de Françoise ne savait comment remercier. Il travaillait à la *Samaritaine*, chef au rayon chaussures, Léo eut ainsi des réserves de charentaises bien chaudes pour des années.

Nous parvenaient des tombereaux de lettres d'admirateurs que mon beau-père ne voulait même pas lire. Plus tard, il confiera qu'il aurait aimé pouvoir agir comme Satie qui

1. *Cinémonde*, *op. cit.*

n'ouvrait pas son courrier. Il ne répondait pas non plus au téléphone, se réfugiant derrière son habituel « c'est ma femme qui s'occupe de tout ».

Suzy Prim [1], lui avait demandé de faire la musique du film *Douze heures d'horloge* [2]. Il estima que sa musique avait été tronquée et demanda en référé la saisie du film. Sa haine pour cette productrice éclatait chaque jour, ses invectives contre elle décuplèrent quand il fut débouté en première instance. Procédurier, par nature et par formation, Léo menaçait. Je n'entendais parler que procès, il fit appel. L'avocat général Lindon lui fut favorable, la cour présidée par Me Rousselet lui accorda la reconnaissance de son droit moral et des dommages et intérêts conséquents. On ouvrit le champagne.

L'ambiance à la maison était loin d'être sereine, mais qu'est-ce qu'on s'amusait !

Léo critiquait, tout, tout le temps, avec une réjouissante méchanceté. Il n'épargnait personne.

À cette époque, il se fâchait avec tout le monde, ou plutôt il envoyait ma mère en chien de garde affronter ceux qui osaient le contrarier. Il fallait toujours à Léo une tête de Turc, après 1968 il en trouva une de taille.

1. Suzy Prim (1896-1991), actrice et productrice.

2. Film de Géza von Radványi de 1959 avec Lino Ventura ; Catherine Sauvage y chante « La Poisse ».

Tu préfères mettre tes sous à plat
Pour t'acheter une belle maison[1]

Costaérès n'était plus qu'un merveilleux souvenir. Ils continuaient à rêver d'une île, une île en Bretagne, qui leur appartiendrait.

Léo entraîna ma mère au Fort-la-Latte[2] qu'ils filmèrent longuement, me faisant au retour leurs commentaires exaltés et prémonitoires. Peu de temps après, à la fin de l'année 1959, j'appris, mécontente de ne même pas avoir été « consultée », qu'ils avaient acheté à un M. Delacour, ancien maire de Saint-Servan, une île entre Cancale et Saint-Malo, l'île Du Guesclin.

Ils avaient eu tous deux le coup de foudre. Sur le film tourné lors de l'achat, on y voit ma mère émerveillée faire le tour du propriétaire avec les vendeurs. Léo avait vendu très vite une centaine de chansons à Rolf Marbot[3]. Il le fit en râlant une fois de plus contre les éditeurs. Toujours obsédé par l'espérance vaine de pouvoir échapper d'une manière ou d'une autre au fisc en tant que Monégasque, il voulut acheter cette île en société et créa une SCI. L'île Du Guesclin devint la SEA : Société d'encouragement pour les arts. Il eut besoin d'un prête-nom, d'un homme qui comme ce nom l'indique ne prêtera que

1. « Ça t'va ».
2. Célèbre château qui domine la mer, face au cap Fréhel. Il a servi de cadre à de très nombreux films dont *Les Vikings* de Richard Fleischer en 1958.
3. Rolf Marbot (1906-1974), éditeur musical, Les Nouvelles Éditions Méridian.

son nom, mais qui pourtant n'hésitera pas, au moment de la vente en 1996, longtemps après la mort de Léo et de sa femme Madeleine, à en revendiquer une partie du prix. Là encore, l'histoire se répétera pour le château du Lot avec ce même homme. Nos trois biens immobiliers, par la seule volonté de Léo, seront ainsi mis en société.

Je n'eus pas le coup de foudre, c'est bien le moins que je puisse dire, lorsque je découvris ce jour d'un printemps pluvieux et venteux :

Cette maison gantée de vent
Avec son fichu de tempête [1]

La marée montait, arrivés sur place en retard, il nous fallait faire vite avant d'atteindre les premières marches de ce fort. Nous avions l'habitude à Costaérès de calculer le temps nécessaire pour rejoindre une île, mais ici, devant mes yeux stupéfaits, les deux bras de mer se rejoignaient à une vitesse surprenante. « Celle d'un cheval au galop », m'apprirent-ils en se déshabillant rapidement sous la pluie et dans le vent. Nus jusqu'à la taille, nous nous précipitâmes dans l'eau, chargés de lourdes valises. Maman laissa tomber la sienne, celle de Léo prit l'eau, seule la mienne, que j'avais mise sur ma tête, échappa aux vagues. Je n'échappais pas la nuit à des draps humides dans une chambre ouverte aux courants d'air. Le lendemain matin une bonne angine ne m'aida pas à envisager cette acquisition comme une bonne chose. J'étais hostile, comme la météo, à cette maison sans aucun confort où, dans une grande pièce en mauvais état, une douche qui ne fonctionnera jamais faisait face à deux vieux bidets et où, dehors en plein vent, la porte pourrie d'une petite cahute laissait apercevoir des W.-C. à la turque. Si au moins il y avait eu des oubliettes, des tourelles, des promesses de fantômes comme à Costaérès. Mon enthousiasme était très limité. J'avais la nostalgie de l'autre île, celle d'avant.

Ce fort avec ses pièces tristes et sans charme ne me plaisait

1. « Les Chants de la Fureur ».

guère. Un grand salon, aux vitres fêlées et aux murs sales faisait face à la mer d'un côté, de l'autre à la côte toute proche et à la route qui serpentait vers Cancale. Au rez-de-chaussée, une immense cuisine et une arrière-cuisine, sombres et froides, cherchaient en vain le soleil. Seule une chambre bien isolée, tout en haut avec son petit balcon pouvait laisser imaginer ce qu'elle aurait pu être, mais elle donnait sur une grosse porte qui s'ouvrait sur un espace de ronces et d'herbes folles, pompeusement appelé « tennis », car un vieux filet y avait été installé en des temps anciens. Autour, un mur trop bas laissait passer toute balle qui emportée par le vent allait se perdre définitivement dans les rochers et dans la mer en contrebas, réduisant à néant toute velléité de pratiquer ce sport.

Ma mère avait les yeux de l'amour, mais gardait un certain réalisme.

> « Tu préfères mettre tes sous à plat / pour t'acheter une belle maison », *me chantais-tu alors. « Pouta, te disait ta toute petite belle-fille, trottinant sur les dunes de brouillard et de bruyère, tu vas t'acheter un bateau et à moi des raquettes de tennis, puisqu'il y a un tennis là-haut. » Moi, je pensais au piano qu'il fallait faire monter là-haut en pièces détachées et à la précarité de tout confort.*

Léo acheta un harmonium. Il se servit très peu du piano, piano qui devint un prétexte à invectives lors du divorce.

Maman se mit au travail, secondée par un Léo admiratif, aux anges. La maison devint vite méconnaissable. Tentures, meubles faux Louis XIII, décor baroque à la Victor Hugo, splendide vierge médiévale, tableaux de Gabriel Terbots, quelques marines achetées à Saint-Malo. Ils peignirent les chambres en rouge, en mauve. La description qu'en fit Charles Estienne [1] restitue assez bien le cadre à la fois chaleureux et romantique des lieux qu'ils y créèrent.

1. Charles Estienne, *op. cit.*

Petit à petit, sans avoir consulté l'horaire des marées, notre indispensable bible, nous sûmes, à la vague près, calculer nos chances de passer d'une rive à l'autre lorsque la marée montait.

Je me souviens des soirs là-bas
Et de sprints gagnés sur l'écume[1].

J'ai apprivoisé cette maison, je l'ai aimée pour le bonheur qu'elle leur donnait. Leur amour irradiait. Je les ai vus s'embrasser longuement à genoux sur le sable devant leur île.

Ils étaient chez eux, au paradis, seuls.

Il y a encore sur une plage de Bretagne la trace exacte de nos corps soudés que nulle marée destructrice n'effacera, se souvenait ma mère.

J'ai assisté à ces manifestations de leur amour, je les trouvais même exagérées, impudiques. Quand j'ai lu les déclarations que fit Léo plus tard : «J'étais seul, je me suis agenouillé seul sur le sable», etc., j'ai eu envie de hurler, même cela, même ce beau souvenir était nié, renié, c'est risible, d'une tristesse infinie.

Souvent nous partions de nuit après un gala, ma mère à moitié endormie la tête sur les genoux de Léo, Denise et moi comme toujours derrière avec nos gros et adorables saint-bernard. Un arrêt pipi dans la forêt près de Domfront où nous les faisions courir derrière la voiture. Pontaubault, Pontorson, les villes défilaient. Quand nous approchions du Vivier, «ça sent l'écurie» (c'était là une de ses expressions favorites), chantait assez fort un Léo fatigué et heureux. Vite, un arrêt à Saint-Coulomb pour compléter nos provisions avant de pouvoir nous enfermer loin des bruits de la ville, de tous ces «cons», encore et toujours, le cœur battant comme si nous avions peur de ne pas voir apparaître notre île au détour de la route. Un canon pointait en bas, qui ne faisait réellement plus peur à personne,

1. «Les Chants de la Fureur».

mais il plaisait bien à Léo. C'était symbolique : « N'approchez pas, la paix ! »

Les premières années, l'île Du Guesclin devint presque notre résidence principale tant nous profitions de chaque moment de liberté pour nous y rendre, été comme hiver. Avec la petite chimpanzé, tout changera, Du Guesclin n'allait pas pouvoir accueillir durablement celle qui deviendrait le personnage central de leur vie.

Je ne reprendrai pas toutes les fausses affirmations sur notre quotidien dans l'île. Elles sont trop nombreuses. Nous n'allions en canot ni à Saint-Malo ni même à Cancale, cela eût été trop risqué. Pourquoi cette invention sans importance, l'homme qui a raconté cela connaissait bien mal nos habitudes. Nous traversions à pied, tout simplement, prendre la voiture, garée en face de ce qui était à l'époque une dune, près d'une cabane exceptionnellement autorisée à vendre des crêpes dans cette zone *non aedificandi*. Un jour cette petite crêperie brûla et ne fut jamais remplacée.

Nous revenions de nos courses toujours chargés, toujours essoufflés, grimpions les hautes et dures marches qui nous menaient à une grande porte, délabrée, si vieille que jamais elle n'acceptait de s'ouvrir simplement. Sa serrure récalcitrante nous obligeait la plupart du temps à rester en plein vent, quelquefois sous la pluie avec nos baluchons, attendant qu'enfin Léo trouve la bonne clef ou le bon geste.

Quand la mer était basse et le temps beau, l'été les gens s'agglutinaient souvent en bas des marches, n'osant pas la plupart du temps franchir le « Attention, chiens méchants », tout en pensant qu'ainsi bien en place toute entrée ou sortie de Léo ne pourrait leur échapper, mais la vedette en question sortait très peu. Quand la mer montait, il leur fallait partir, passer de l'autre côté, vers la côte. Certains semblaient ignorer le principe même des marées. Du haut de la barbacane [1], maman et moi nous leur criions de se dépêcher. Souvent, les hésitants se retrouvaient en petite culotte, les enfants sur les

1. Ouvrage de fortification destiné à protéger une porte, un passage.

épaules, sacs et jouets par-dessus. Nous nous amusions perversement à voir tous ces petits derrières blancs se précipiter dans les flots pour regagner l'autre rive. D'autres méprisaient nos conseils et restaient volontairement en bas de l'escalier espérant être recueillis par le propriétaire des lieux qui, pensaient-ils, n'oserait pas les abandonner en si mauvaise situation. De très rares fois, ma mère réussit à convaincre Léo de laisser pour quelques heures entrer ces naufragés.

Vivre dans une île signifie plus qu'une localisation géographique, c'est un peu un état d'âme, et Léo acceptait peu d'amis.

Benoîte Groult et Paul Guimard faisaient partie de ceux-là, comme à Costaérès.

Déjà, à la période des vaches maigres, ils avaient connu ensemble l'aventure en Bretagne. Avec une vieille tente, prêtée par Hervé Morvan [1], ils avaient décidé, idée de Paul, de faire une virée aux Glénan, promesse de pêches mirifiques, de gueuletons qui ne le seraient pas moins. Les deux couples désargentés étaient partis sur un rafiot de fortune dont le moteur hésitant était extrêmement grippé.

Je laisse raconter ma mère :

> *Nous accostâmes en pleine nuit sur des roches ardues et revêches couvertes de laminaires les transformant en patinoire, le paysage lunaire était d'une désolation totale. Aux aurores, Paul bricolait son moteur, nous laissâmes Léo à ses raviolis (un instinct de survie lui avait fait emporter sa petite roulette à découper ces choses). Ils s'embarquèrent autour de l'îlot pour une traîne aux maquereaux. À croire que tous les maquereaux du monde ou autres bestioles mangeables avaient à jamais déserté les lieux. Il y avait tout de même dans les mares quelques bigorneaux qui traînaient, des berniques (on dit que les chats adorent ce coquillage coriace et négligé tant il est caoutchouteux, et bien cuit sur du varech et même en soupe à*

1. Affichiste de grand talent à qui nous avions succédé boulevard Pershing, celui-là même qui avait dessiné la pochette du disque «La Chanson du Mal-Aimé».

l'eau de mer, on était sans doute devenus chats car on adorait aussi. J'ai même surpris Benoîte à en manger crus, sur place).

Paul n'avait pas épuisé ses vivres d'humour et on continuait à bien rigoler quand même. Je leur récitais avec grandiloquence Le Pélican *de Musset, et le soir, pour détourner l'appétit, des histoires de fantômes. Je voyais les grands yeux de Benoîte bleuir davantage.*

Puis vint le jour où Léo, d'une voix d'outre-tombe, annonça qu'il n'y avait plus de farine. La nouvelle tomba comme un couperet. C'est alors que, ce jour précis, ils décidèrent de nous larguer sur un îlot voisin pour la journée où il y avait paraît-il une auberge. Tandis qu'eux cingleraient vers Concarneau pour y toucher un chèque problématique, et faire des provisions.

Ils devaient nous retrouver le soir même.

L'auberge en question était une baraque de quatre sous où résidait un vieux solitaire qui tirait des lapins et les faisait cuire pour des pêcheurs en détresse. Nous fûmes, ce midi-là ses seuls clients. Avant la nuit, il nous raccompagna en barque sur notre calvaire.

Le lendemain, les Guimard n'étaient toujours pas rentrés. Ces pauvres malheureux qui affrontaient les éléments à la recherche de notre pitance à venir, le surlendemain ces pauvres malheureux étaient devenus d'effroyables égoïstes qui devaient se régaler dans tous les restaurants de Concarneau. Enfin, dans les hautes vagues annonciatrices de grande marée, se pointa leur radeau.

L'amitié des deux couples résista à leur odyssée.

La chaleur humaine, l'intelligence, la drôlerie de nos invités était un régal permanent.

Un soir de tempête, alors qu'à l'heure du dîner ma mère sonnait la cloche pour appeler à table, Paul Guimard, casquette sur la tête, grande cape volant au vent, telle une figure de proue perchée sur une planche, face à la mer, le *Kama-sutra* dans une main, nous distilla ses commentaires drôlissimes sur différentes postures érotiques. Pliés par la bourrasque et par les rires, nous ne pouvions plus avancer. Ce fut un grand moment.

La nuit, avec Rousselin, qui tenait un commerce de quincaillerie à Saint-Coulomb, nous allions pêcher à la senne, c'était interdit. À pieds, nous traînions dans la mer un immense filet. Léo, toujours un peu réticent, pénétrait harnaché assez loin dans l'eau avec de hautes bottes, nous restions sur le sable à l'autre bout du filet. Au retour à l'aube avait lieu le partage des poissons, la distribution suivie par des libations au champagne ou au vin rouge accompagnées de rires jusqu'au petit matin. Titubant de fatigue, nous allions tous nous recoucher avant d'être réveillés par d'appétissantes odeurs.

Nos invités mangeaient bien. Sans électricité, dans une cuisine très sommairement aménagée, maman faisait des exploits. Elle nous concoctait homard à l'américaine (recette de Jeanne Gonnon), bar flambé au whisky, rougets étincelants, araignées encore chaudes, somptueuses soles, tacauds du jour.

«*Je me souviens des soirs là-bas*[1]...» La nuit, Léo se laissait entraîner par l'imagination de sa femme, place aux fantômes et aux tables tournantes, comme avant.

Un soir, je n'ai pas aimé. Après le dîner, laissant les grandes personnes discuter autour de la table, en compagnie de ma correspondante anglaise, je montai tranquillement dans nos chambres jumelles. Peu de temps après, mon lit commença à bouger de plus en plus. Prises de panique, nous nous précipitâmes pour rejoindre la salle à manger. Au détour d'un couloir, je me heurtai à une chose surmontée d'un effrayant visage déformé qui semblait me menacer. Je courus plus vite, fis tomber mon amie dans l'escalier, la piétinai pour arriver en bas. Léo n'était plus à table. C'est lui qui avait mis un bas sur la tête, une torche sous le menton. C'était «Mister Giorgina» (l'accordéoniste Jean Cardon) qui s'était auparavant glissé sous mon lit et qui, coincé, avait essayé de se dégager.

Ils ne purent nous calmer. Nous fîmes un malaise et la tête pendant plusieurs jours.

1. «Les Chants de la Fureur».

Tous ses biographes l'ont écrit, Léo composa à cette époque «Les Chants de la Fureur», qu'il reprendra, en supprimant ou modifiant certains vers, dans *La Mémoire et la Mer* (1970). Ce texte hautement autobiographique est souvent incompréhensible pour ceux qui n'ont pas partagé avec lui ces moments vécus dans l'île. Il n'est pas dans mon intention d'en donner les clefs. D'ailleurs, je ne les ai pas toutes, elles font partie du génie de Léo. Certains passages restent proprement indéchiffrables, d'autres moins.

Rappelle-toi ce chien de mer
Que nous libérions sur parole [1]

Le «chien de mer» était une roussette qui a émis un bruit tel un aboiement. Cette roussette, la première que nous ayons pêchée, ne fut pas remise à la mer, il était trop tard, mais elle avait la vie dure et ce fut pénible de la voir agoniser en se tortillant sur le sol. Nous étions seuls, nous trois. Toutes les roussettes pêchées par la suite furent rejetées immédiatement à l'eau. Je fais de même encore aujourd'hui, quand j'en prends dans mes filets bretons, non loin de Costaérès.

Et sur la dune Rousselin
Vend du butane à la vedette

Pauvre Rousselin, elles étaient lourdes à monter les bouteilles de gaz !

Les corbeaux blancs de
Monsieur Poe

Chaque soir à Costaérès ma mère allait nourrir les mouettes avec le reste des pâtées de nos chiens.

J'ai huit ans de souvenirs bretons éblouissants de bonheur,

1. *Ibid* pour les deux citations suivantes.

dans l'île Du Guesclin avec Léo et ma mère. Les vingt-quatre années suivantes, j'y ai passé des jours beaucoup moins heureux.

Du temps de Léo, peu de personnes furent acceptées. Beaucoup prétendirent y être allés. Après leur séparation, ma mère y vécut seule ou souvent très mal entourée. Notre île était très convoitée, certains espéraient que, dans l'état de faiblesse psychologique où elle était, si elle en devenait un jour propriétaire, il ne serait pas trop difficile de la persuader de la donner à qui lui aurait rendu de petits services.

De 1959 à 1992, chaque année pendant trente-trois ans, j'ai passé mes vacances à Du Guesclin. Les souvenirs me prennent à la gorge, en même temps que l'écœurement devant les inventions que l'on raconte sur notre vie. Ce ne sera sans doute pas fini... il se prépare des pèlerinages.

En 1996, je contactai Farhad Vladi, « le plus grand vendeur d'îles du monde » à qui j'en confiai la vente, sans exclusivité, car Léo était mort et sa nouvelle famille devenue propriétaire de la moitié des parts de la SCI désira choisir ses propres agences. Les agences immobilières se battirent entre elles devant les tribunaux. Vladi trouva les acheteurs. Du Guesclin avait déjà été abîmée, très visitée, squattée.

Le propriétaire actuel a été envahi par des journalistes qui veulent voir, savoir comment Léo Ferré y vivait. Il n'a jamais connu Léo. Notre maison n'est plus la même. Celle qui fut la nôtre reste dans mon cœur.

Pendant ces années, très paternel, Léo partagea mes joies et mes peines. Triste quand j'échouai une première fois en propédeutique, pleurant de joie à mes succès.

Il faisait preuve d'intolérance quand, restée un mois isolée avec eux à Du Guesclin, j'avais envie d'aller « en face » chercher d'autres distractions. Une amie de mon âge qui partagea mes vacances se souvient d'un Léo conciliant qui, poussé par ma mère, nous proposait de nous emmener à Saint-Malo en voiture pour aller danser, mais qui, d'un revirement brusque, avec humeur, nous déconseillait de partir et nous annonçait qu'il n'irait pas nous rechercher en nous prévenant que nous nous ferions sûrement attaquer par des automobilistes pervers. Nous revenions au petit matin parcourant à pied les douze kilomètres, qui séparent Saint-Malo de Saint-Coulomb, en nous jetant dans les fossés à chaque fois qu'apparaissaient au loin les phares d'une voiture.

Je commençais à ressentir un malaise, car, parfois, mes relations avec lui devenaient un peu troubles. Certaines de ses phrases se terminaient par des sous-entendus : « Si tu voulais », mais il ne précisait ni n'insistait. Je ne comprenais pas, je ne voulais pas comprendre, je faisais semblant de ne pas comprendre. Je n'ai jamais voulu.

Je sentais confusément chez lui des désirs refoulés, ceux d'un homme de quarante ans qui regarde une petite fille, une de ces «*fleurs du mal de dix-sept ans*[1] », devenir une femme, j'avais seize ans. C'était difficile à vivre quand cet homme est celui que vous aimez comme un père, qui chaque jour prouve son amour à votre mère. Je n'étais qu'« *une idée qui va son chemin*[2] ». En 1960, je devins la «Jolie Môme» et Léo me proposa d'enregistrer avec lui un scopitone[3] où j'apparaîtrais un peu dénudée, sous un pull laissant deviner mes seins. J'ai refusé. Il fut de nouveau question d'une apparition pour illustrer cette chanson à l'*Alhambra*. Là encore, j'ai repoussé cette idée.

Léo aimait mettre sa famille sur scène. Il avait exigé que figurent nos photos sur la pochette de son premier disque enregistré chez Barclay[4] peu de temps auparavant.

1. «Thank You Satan».
2. « Petite ».
3. Ancêtre du vidéo-clip accompagnant un morceau musical de juke-box.
4. *Paname*, «Les amours de Léo Ferré», présenté par Jacqueline Cartier, Barclay 80133, 1960.

Du succès à la gloire

Aragon

Léo a toujours pensé que l'on avait tort d'attribuer à Victor Hugo, qu'il admirait tant, la célèbre interdiction « Défense de déposer de la musique le long de mes vers ». Aragon était, lui, extrêmement satisfait que Léo le mette en musique. Il suffit de lire leurs textes croisés dans la pochette du disque *Les Chansons d'Aragon*[1].

« Louis » venait souvent dîner à la maison. Sa voix, avec des accents précieux, était elle-même chantante. Son ton pouvait devenir déclamatoire et emphatique parfois à la limite du ridicule lorsque, emporté par son lyrisme, debout près du piano, il nous lisait ses textes et nous les commentait. Il terminait chacune de ses phrases par un « n'est-ce pas » ou plus précisément un « n'est cennn », très seizième, à la Marie-Chantal. Il me semblait pourtant discerner quelque chose de « cru », de brutal qui effleurait derrière l'élégance du personnage. Sa grandiloquence oratoire contrastait avec son attitude générale un peu hautaine, froide, assez en retrait. Cette posture qui m'intimidait ne m'empêchait pas de le trouver séduisant et très beau. Avec une gentillesse spontanée il me dédicaça son *Roman inachevé*[2] :

1. *Les Chansons d'Aragon*, Barclay 80138M, 1961.
2. Louis Aragon, *Le Roman inachevé*, Gallimard, 1956.

«À Annie pour qui tout cela ne peut être que d'avant elle, d'avant le soleil qui sera sa vie», un des rares souvenirs qui ne me fut pas volé.

Je voyais ma mère lire et relire les textes du grand poète, changer l'ordre des vers, y créer des refrains, faire des coupures, trouver un titre, puis les soumettre toute craintive à «ses» deux poètes. Elle faisait sa «petite cuisine», se plaisait-elle à dire. Elle demandait d'abord à Elsa l'accord de Louis qui disait toujours oui à sa femme. Il est même arrivé à Aragon de demander à ma mère : «“L'Étrangère”? C'est de moi ce titre? Où l'avez-vous trouvé?»

Je servais souvent de coursier lorsque j'allais le voir rue de Varennes afin de rapporter «corrigés» par ma mère certains des poèmes que Léo avait mis en musique.

Toujours «nature», comme elle l'avait été avec Louise de Vilmorin, malgré une immense admiration pour l'écrivain, elle me confia un jour que tout de même il l'ennuyait avec sa voiture de fonction, ses airs compassés et ses demandes de galas gratuits.

Les deux couples allaient souvent dîner dans un restaurant qui n'existe plus aujourd'hui, boulevard Saint-Germain, *Raffatin et Honorine*. Je refusais de les accompagner prétextant comme toujours avoir trop de travail au lycée.

Je n'avais vu de prime abord en Elsa qu'une petite femme autoritaire et rigide, pas si jolie, avec de beaux yeux certes, mais déjà bien fatigués. Au fil du temps, je changeai d'avis. En lui parlant, je ressentais une chaleur humaine qui, m'a-t-il semblé, manquait à Aragon.

Dans les lettres qu'elle écrivait du Moulin à ses «chers enfants», comme elle les appelait, je découvrais en elle une véritable tendresse. Très attachée à sa chienne dalmatienne, Patte, elle se plaignait d'être, elle, une «pauvre femme faible, incapable de la maîtriser». Elle semblait aimer les animaux, mettait en garde ma mère en lui prédisant à propos de Pépée : «Elle va te touer...»

Le disque Aragon-Ferré avait été proposé au Chant du monde qui le refusa. Il fut enregistré chez Barclay et connut un triomphe.

Léo, après avoir quitté sa femme, fit un parallèle entre sa propre vie et celle d'Aragon à qui il reprochait de se laisser *driver*, « tenir en laisse » – il employait ces termes –, comme lui l'avait été.

Du *Vieux Colombier* à l'*Alhambra*

Au *Vieux Colombier*, au début de l'année 1961, chaque soir j'admirais Léo pendant deux heures, dans ce petit théâtre de trois cents places. Son récital était en priorité consacré aux poètes qu'il avait mis en musique : Rutebeuf, Ronsard, Baudelaire, Verlaine, Rimbaud, Apollinaire, Aragon. Il y avait ajouté quelques-unes de ses nouvelles chansons.

Là encore, ma mère se démena pour mettre en valeur son homme.

> *Cette métamorphose nous la devons, dit-on, à sa jeune femme, Madeleine, la compagne des mauvais jours.* [...] *Léo Ferré a suivi ses conseils*[1].

Quand, au lever du rideau, alors que la salle attendait son entrée, déjà sur scène, dans le noir, le poing vengeur levé, éclairé par un unique spot qui allait s'agrandissant, Léo entamait :

Tu te balances, compagnon
[...]
La poésie fout l'camp, Villon !
Y'a qu'des bêtas sous du béton
[...]
Y'a qu'du néant sous du néon[2]

1. Claude Sarraute, *Le Monde*, 31 janvier 1961.
2. « La Poésie fout l'camp, Villon ».

L'impact émotionnel était intense.

Il avait accepté cette petite mise en scène tout d'abord en ronchonnant, il s'en félicita ensuite, et j'entendis le sempiternel « Madeleine a raison ! »

Elle annonçait les chansons, voix off, depuis les coulisses.

« Paname » avait remplacé « Paris-Canaille ».

« Merde à Vauban », chanson un temps interdite, car il y avait un gros mot dans le titre : ce gros mot « c'est Vauban, bien sûr ! » raillait Léo. « Thank You Satan » connut pour la première fois un énorme succès, et « Les Quat'cents coups » entraînait dans sa révolte la salle entière.

Chaque soir, je récitais dans ma tête en même temps qu'il chantait chacune des paroles de ses chansons. Je savais qu'à tel vers sa voix allait s'infléchir avec une pointe d'accent méridional – « *Que j'ai tant aimé* » dans « Pauvre Rutebeuf » –, à tel autre s'enfler, à tel autre encore elle deviendrait ironique et grinçante. Je connaissais la moindre de ses intonations, sa gestuelle, sa moue gourmande m'amusait quand dans « L'Étrangère » il avouait comme un petit enfant : « *Je prenais les campanules / Pour les fleurs de la passion.* » Quand il chantait les poètes, j'étais certaine que le public allait apprécier tant sa musique était belle, pour les nouvelles chansons-Ferré, j'étais admirative quoique plus craintive.

La presse salua le triomphe de la poésie chantée et releva une fois de plus ses déclarations dithyrambiques sur sa femme, son ange, son étoile, sa fée et « sa fille » avec qui il pose tendrement sur une photo en cette année 1961 [1]. « Je fais un récital pour faire plaisir à ma femme, à ma fille, à mon papa et à ma maman », déclarait-il aux journalistes [2].

Chaque soir, dans les coulisses ou dans la salle, je tremblais pour lui. Je souhaitais tellement qu'il ait du succès, j'applaudissais très fort, à m'en faire mal aux mains, très mal.

1. *Avant-garde*, 12 avril 1961.
2. *Combat*, cité dans Robert Belleret.

Depuis, il est assez rare que j'applaudisse, j'ai l'impression d'avoir déjà tout donné.

En mars de cette même année, Jane Breteau, « la mère Breteau » comme nous l'appelions, lui offrit en seconde partie la scène de l'*Alhambra*.

Pendant des semaines, j'avais assisté au travail de ma mère pour adapter le programme du *Vieux Colombier* à cette salle beaucoup plus vaste.

> [Il] *a trouvé un metteur en scène, un « éclairagiste », bref un conseiller technique digne de lui. En sorte que, présenté avec un goût intelligent, sur un fond de rideaux noirs réduisant la scène, très sobrement habillé d'un smoking de bon aloi, Léo Ferré est apparu tel qu'il doit être vu*[1].

Lorsque l'écran descendait sur scène reproduisant la fameuse affiche rouge qui était apposée « *sur les murs de nos villes*[2] » par la Gestapo pour inspirer la haine de la Résistance, je frissonnais aux accents poignants de Léo, immobile, figé dans le halo d'un projecteur.

Ceux qui ont assisté à ce spectacle ne peuvent oublier, ceux qui ne savaient pas apprirent. J'étais de ceux-là. Qui était Mélinée, où était Erivan ? L'histoire, la poésie, l'émotion, tout était réuni. L'intensité était à son comble.

Aujourd'hui encore, je n'ai aucun effort à faire, il me suffit de fermer les yeux pour entendre sa voix qui tremblait lorsqu'il entamait :

Quand tout sera fini plus tard en Erivan
[...]
Ma Mélinée ô mon amour mon orpheline
Et je te dis de vivre et d'avoir un enfant

1. Guy Dornand, *Libération*, 11 mars 1961.
2. « L'Affiche rouge ».

Il semblait pleurer en chantant, la salle était transportée bouleversée, les gorges nouées.

En première partie, Serge Davri, loufoque, burlesque, se cassait des assiettes sur la tête en invectivant grossièrement la salle. Immanquablement, il était violemment hué. Dans les coulisses, je me faisais toute petite, craignant à chaque fois un dénouement agité. Léo avait exigé qu'avant lui il n'y ait pas d'autres chanteurs, seulement des numéros visuels : jongleurs, acrobates...

Nous fîmes alors connaissance avec les Gin's Family, spectacle de singes savants : cette rencontre allait décider de leur vie.

Le dresseur, Gin, leur présenta une Gloria, petit chimpanzé de quelques mois, maladive orpheline abandonnée dont il ne savait que faire. La troupe devait partir en Angleterre, Gloria aurait dû être mise en quarantaine.

Elle venait les attendre tous les soirs dans la loge, les couvrant de baisers, de cris affectueux. Maman se mit à pouponner, à biberonner. Nous étions émus, troublés.

Assez vite, nous nous mîmes à nous gratter : elle avait attrapé la gale et nous avait contaminés. Nous aurions dû y voir un présage... Nous ne serrions plus aucune main ! Léo ironisait avec une certaine jouissance : « Je suis le seul chanteur galeux du monde ! »

Je me souviens trop bien du soir où Gin est venu pour la reprendre. Au son de sa voix dans l'escalier, elle a bondi pour follement s'agripper à moi. Il ne pouvait l'en détacher, une incroyable force s'était emparée d'elle. Elle pleurait. Je pleurais. Léo pleurait.

Gloria, rebaptisée Pépée, resta avec nous.

Ils recueillirent, non, ils adoptèrent cette bébé chimpanzé.

« J'ai divorcé trois fois à cause de mes chimpanzés, faites attention ! les avait avertis Gin. Encore plus qu'un autre animal, il faut qu'un chimpanzé sache qui est le maître sinon vous allez au désastre», il nous expliqua que ce tendre adorable bébé noiraud mesurera un jour un mètre vingt, aura une force inimaginable, «celle de huit hommes», avait-il ajouté, et nous conseilla de continuer à l'habiller, car il était bon dans la mesure du possible que cette petite ne développe pas trop ses muscles. J'écoutai avec attention, intriguée, amusée plutôt favorablement, bien décidée à jouer mon rôle dans cette éducation. Je ne mesurais absolument pas les conséquences possibles d'une telle «adoption». Après tout, c'était une expérience passionnante.

Lorsque je les ai rejoints une fin de semaine, à Nonancourt, je trouvai mon beau-père, venu me chercher à la gare, étrangement muet et renfrogné. Je le questionnai avec insistance. Il éclata : «Ta mère exagère, ce chimpanzé est devenu une véritable obsession. Elle doit faire un complexe maternel. Je ne suis pas d'accord, mais pas d'accord du tout!» Je passai le weekend avec eux et une boule de poils très remuante au faciès émouvant. Elle n'avait sur elle qu'une couche-culotte, pas très hermétique… Cela ne semblait gêner que moi, et un peu Léo.

Quand je revins quinze jours plus tard, la situation n'était plus la même.

À la minute même où je vis Pépée, j'eus la prescience des gros problèmes à venir. Complètement nue, encore plus agitée qu'auparavant, elle sautait partout, cassait verres, vases et assiettes. Sa liberté était totale, aucune contrainte. Ils avaient même acheté un portique avec balançoire et anneaux, «afin qu'elle s'amuse». Je repensai alors aux conseils du dresseur : «Habillez-la afin qu'elle ne développe pas trop ses muscles. Vous devez avoir le dessus, toujours, sinon vous allez à la catastrophe.»

Nous y allions.

«J'avais tout bonnement accouché d'un chimpanzé», écrira ma mère, avec une franchise alarmante tandis que Léo, à ma grande surprise, me confia combien il trouvait ce bébé touchant, bien plus intéressant qu'un enfant. Pendant les quelques kilomètres qui séparaient la gare de notre maison, il ne cessa de me décrire avec émotion et admiration le comportement du petit animal.

Notre vie quotidienne commença à être très bousculée.

La petite chimpanzé devint le centre de leur vie et de la mienne. Lorsque Pépée toussait, ils appelaient le médecin, pas le vétérinaire. Pendant les tournées, lorsque Pépée avait la colique, il ne fallait surtout pas émettre la moindre réflexion, ni même prendre en silence un air dégoûté, mais se contenter d'essuyer négligemment le liquide jaunâtre sur les vitres de la voiture. Rien de plus normal !

Vous connaissez notre fille, « la vraie », avaient-ils déclaré un soir à Trouville à un journaliste assez surpris qui déjà me souriait tandis que ma mère exhibait une photo de Pépée toutes dents dehors.

Nous avions des sous, Léo m'avait même acheté une magnifique voiture, pauvre petite fille riche. J'en avais tous les signes extérieurs, mais véritable fontaine, j'étais constamment en larmes, tous deux commençaient à me rejeter, je ne me sentais plus aimée « comme avant ». Ils admettaient difficilement que je n'adhère pas entièrement à leur nouveau mode de vie, que j'ose critiquer leur manière d'élever Pépée. Je n'étais plus inconditionnellement AVEC eux, donc j'étais CONTRE eux, redevenue une petite « bourgeoise » bien trop conventionnelle et peut-être même jalouse de celle qu'ils m'obligeaient à appeler « seu-sœur ».

Je voulais bien leur faire plaisir, mais ma « seu-sœur » me mordait. Elle était petite, rien n'était encore trop grave.

Assez vite, nous ne pûmes continuer à habiter notre cher boulevard Pershing. Une autre employée de maison, une charmante Jeannine, vint seconder Denise, mais face aux attaques de Pépée, elle s'enfuit rapidement. Denise prit alors ses quartiers à Nonancourt, avec chimpanzé et chiens. Pépée de plus en plus remuante et imprévisible, il devint indispensable de trouver un abri loin de tout voisinage. Nonancourt n'était plus praticable, car elle se sauvait pour faire des excursions ravageuses. À l'île Du Guesclin où nous allions encore, la vie se compliquait. Quand elle faisait un petit tour sur la plage, elle revenait les bras chargés de serviettes de bain, d'appareils photo, de jouets. Pour éviter ces promenades inopportunes, ils avaient fait construire une immense cage que l'architecte des Bâtiments de France leur demanda de démolir. Léo écrivit alors une lettre très aimable à ce M. Collasnon, lui expliquant qu'il avait fait construire non pas une serre, mais une volière propre à s'y enfermer avec sa chimpanzé et que ce n'était pas une plaisanterie, sa chimpanzé était sa fille, précisant par la suite qu'il voulait la protéger contre les entreprises estivales lorsque la plage ressemblait à Juan-les-Pins. C'est lui qui s'enfermait avec elle dans cette cage. C'est lui qui était en cage. « Une cage si grande, écrira ma mère, qu'on aurait pu y mettre huit éléphants. »

J'avais intérêt à m'y réfugier moi-même. Alors que je préparais le bac et que je croyais pouvoir m'isoler pour travailler dans ma chambre fermée à clef au premier étage, Pépée avait un matin surgit. Après avoir en vain essayé de passer par la fenêtre, elle avait fait le tour, galopé dans l'escalier, s'était jetée contre la porte dont elle avait réussi à casser la serrure et, se précipitant sur moi, elle déchira mes notes de travail, me tira violemment par les cheveux en me mordant. Il ne fallait rien dire, ne pas se plaindre. Elle était « si intelligente, si mignonne » !

Personne ne me venait en aide. Personne n'essayait de les contredire, de les alerter, ils n'admettaient pas la moindre critique. Pour leur plaire, il fallait admirer Pépée, le leur répéter souvent, inconditionnellement. Les faux amis ne s'en privèrent pas, trouvant là un moyen d'entrer dans l'intimité du couple.

Leurs parents respectifs commencèrent à s'inquiéter sans encore se rendre vraiment compte de la situation. Le père de Léo fit des efforts, pendant un certain temps, voulant prouver à son fils sa bonne volonté. Il écrivit même directement à Pépée, lui recommandant cependant « de ne pas mordre Léo et Madeleine en les embrassant ».

Mes grands-parents se taisaient, mais n'en pensaient pas moins.

Cela ne dura pas. Ne pouvait durer.

Pépée avait pris le pouvoir. Elle ne le lâcherait plus.

À la maison, tout doucement, la folie s'installait. Je rêvais de normalité. Elle s'éloignait de plus en plus.

Le malheur était en route.

Début novembre 1961, devant près de trois mille personnes, avec trente chansons dans sa besace, seule vedette, Léo, accompagné par Jean Cardon et par l'orchestre de Jean-Michel Defaye, fit face à cette immense scène de l'*Alhambra*, pendant deux heures. Ma mère fit acheter à Mme Breteau un « chemin de lumière ». Il put ainsi entrer, tout petit, par le fond de la scène, suivi par un projecteur, une vingtaine de pas étaient nécessaires pour arriver au micro, cela va paraître long, trop long ? Nous en avions un peu peur. Rapidement, je me sentis rassurée, déjà des applaudissements s'élevaient, de plus en plus forts, on le reconnaissait, on l'attendait avec ferveur.

J'avais sur les lèvres chaque parole, avec, comme toujours, cette peur qu'il oublie.

Pour « Cannes-La-Braguette », « Les Temps difficiles » : pas de problème, la salle allait rire. Pour « La Gueuse », je ne sentais pas une adhésion totale du public lorsque ma mère, chapeau phrygien sur la tête, tricotait un drapeau tricolore. Pour « Jolie Môme », c'était gagné d'avance.

Le crescendo choisi vers la fin du spectacle était une réussite. Il chantait « Thank You Satan », noyé dans une lumière rougeâtre, accompagné d'un rock lent, tapait du pied sur scène en s'enroulant sensuellement autour du micro pour s'adresser au diable, s'enchaînaient « Vingt ans », « Les Quat'cents coups », « Y'en a marre »... Les applaudissements redoublaient, se terminaient en une seule clameur scandée par des coups de pied au sol : « Une autre ! Une autre ! », de plus en plus fort, pour laisser de nouveau place aux applaudissements dès que Léo revenait sur scène.

Bon, j'étais contente, tout allait bien.

Le Tout-Paris vint le féliciter dans la loge. J'observais... Tous ces compliments commençaient même un peu à m'agacer. Bien sûr, mon Pouta avait du talent, nous le savions depuis si longtemps, « ils » s'en apercevaient vraiment maintenant ?

Je garde particulièrement le souvenir de Maurice Chevalier et des faux cils étonnants de Renée Passeur.

C'était hier.

Léo était enfin reconnu unanimement comme un « grand » de la chanson française. La presse, du *Canard enchaîné* à *Témoignage chrétien*, témoigna de la consécration d'un immense artiste qui a beaucoup attendu, d'un poète enfin sorti de sa chrysalide.

> *Quarante-cinq ans après sa naissance, Léo Ferré trouve un vrai sens à sa vie d'artiste. Il sait qu'il en est partiellement redevable à son épouse Madeleine. L'omniprésente Madeleine, que les photos montrent se nichant dans ses bras, s'appuyant langoureusement sur son piano – en réussissant l'exploit de ne pas devenir pesante pour ce solitaire congénital – est tout autant son égérie que sa muse. Elle n'a cessé de l'encourager, de le conseiller, de l'obliger à croire en lui lorsque si souvent le doute le tenaillait*, résume Robert Belleret [1].

Comme d'habitude, Léo envoya, le 8 décembre 1961, au Biquet et à la Biquette, ses beaux-parents, ce disque relatant « les soirées merveilleuses pour Madeleine et pour moi ». En même temps, il leur demandait « d'écouter [...] en toute tranquillité sans aucun risque de voir surgir, en plein milieu d'un sillon – aussi micro fut-il – ni chimpanzé ni singe supérieur (alias homme), avec ma tendre rancune ».

De toutes parts nous arrivaient des lettres d'admiration, que je triais. René Julliard lui avait fait part de son désir de pouvoir un jour devenir son éditeur. Il lui demandait d'avoir la bonté de lui téléphoner et se disait heureux et flatté s'il pouvait lui ouvrir sa maison.

1. *Léo Ferré, une vie d'artiste, op. cit.*

« Léo Ferré, c'est Nostradamus et le Père Noël dans le même sac. Ce diable d'homme déborde de tendresse et d'amour pour les petits, les pauvres, les miséreux », titrait *La Vie lyonnaise*[1].

En 1962, Léo fut le premier « chanteur » à entrer dans la collection « Poètes d'aujourd'hui » chez Seghers qui lui faisait part de son admiration pour lui, mais aussi pour sa femme Madeleine « aussi merveilleuse qu'audacieuse ». Cette consécration poétique le combla et il avait insisté pour que soient insérées de très belles photos de notre famille.

Cette année-là parut un fidèle petit livre de Gilbert Sigaux où figurent également de nombreuses photos à la fois professionnelles et familiales accompagnées d'un texte traçant avec vérité notre quotidien et la place de sa femme Madeleine : « Madeleine Ferré, inséparable de la réussite du poète et du chanteur. C'est elle que l'on devine derrière les plus belles chansons d'amour de Léo Ferré[2]. »

Ma mère, elle-même, « l'épouse fétiche dont il ne peut se passer », noyée dans ce concert de louanges, était entraînée dans ce vertige dangereux. Elle y était aidée par toute la presse, « la musique est la seule maîtresse dont puisse être jalouse Madeleine[3] » et par Léo lui-même, « Nous sommes un couple, c'est le moyen de faire de son rêve, sa vie. Et le couple, ça emm... les gens[4] », surenchérissait-il.

Prise dans un tel tourbillon de compliments, de joie, de triomphes renouvelés chaque soir, j'oubliais un peu les difficultés de leur vie quotidienne. Suivirent un passage triomphal à la *Tête de l'Art*, puis un récital à l'*ABC* avec dix-huit chansons nouvelles. Ma mère fut de nouveau encensée, par *Les Lettres françaises* cette fois : « Madeleine Ferré, son ange gardien, régisseur de Léo et metteur en scène, s'affaire : elle veille à tout, est à la fois le mousse et le capitaine du navire... » Et Léo rajoutait « Si je ne me suis pas arrêté en chemin, c'est grâce à

1. *La Vie lyonnaise*, 4 janvier 1962.
2. *Léo Ferré*, Éditions de L'Heure, collection « Les Albums de la chanson », 1962.
3. Michèle Ribaud, *Ciné Music-Hall*, 1962.
4. *Ibid.*

Madeleine [1]. » Lors de la première du tour de chant à l'*ABC*, j'ai ressenti une tristesse et un malaise en les entendant raconter que Pépée aurait signé les cartons d'invitation envoyés aux nombreuses personnalités présentes ce soir-là dans la salle : Jules Dassin, Melina Mercouri, Michel Simon, Henri Salvador, Louis Aragon et Elsa, Tino Rossi, Jacques Brel, Guy Bedos et Sophie Daumier, Marlene Dietrich... Tous semblaient y croire, et beaucoup, en félicitant Léo, s'extasiaient sur leur manière de vivre et leur passionnante expérience.

Je ne réalisais pas à quel point la situation était explosive.

1. Entretien avec Charles Dobzynski, *Les Lettres françaises*, 1962.

«Encore un moment, monsieur le bourreau[1]»

Dans ce Quartier latin, le long de ce Boul'Mich' qu'il aimait, qu'il chantera avec nostalgie en se servant des paroles de Jean-Roger Caussimon, Léo et moi nous promenions bras dessus, bras dessous. Nous passions des heures à la librairie des PUF[2] où il s'achetait des traités sur la gravure, des livres de droit, d'alchimie, d'astrologie, des dictionnaires, beaucoup de dictionnaires, de rimes, d'étymologie. Le soir, il m'emmenait quelquefois dîner à Montparnasse, au *Falstaff*, en me parlant de sa jeunesse. Il nous habillait systématiquement de cuir, maman et moi, avec une variante en mauve pour elle, en noir pour moi.

«Il a trois amours : sa femme, sa fille et l'imprimerie», titrait *Sud-Ouest* le 21 août 1961.

Vers cette époque, je préparai une licence de lettres à la Sorbonne et suivais le cours de littérature comparée du grand professeur Étiemble[3]. Au premier rang, dans le grand amphi, je l'écoutai religieusement, très admirative. Ma mère avait fait dédicacer à son attention par Léo le disque qui venait de sortir, le *Verlaine, Rimbaud*. Elle m'avait demandé de le lui remettre à la fin d'un cours. «Tu verras, il va aimer.» Timide, je ne voulais

1. Phrase attribuée à Mme Du Barry montant sur l'échafaud.

2. Presses Universitaires de France, librairie anciennement située sur le boulevard Saint-Michel.

3. René Étiemble (1909-2002), linguiste, universitaire. Il défendit la langue française contre les anglicismes.

pas que ce cadeau ait l'air d'un futur passe-droit, j'ai mis du temps à oser le lui offrir. Ses remerciements furent chaleureux. À la maison, on trouva que j'avais bien tardé, on se moqua de moi : «Alors, je n'étais pas fière de mon Pouta ?»

Léo commença à être adulé. Luc Bérimont [1] en février 1961 avait écrit à Guy Dornand que Léo était à l'abri des risques de cette célébrité naissante.

Pourtant, quelques signes avant-coureurs devenaient inquiétants.

Je crois que tous deux ont commencé à cette époque-là à avoir «la grosse tête». Je ne m'en suis pas rendu compte immédiatement. Il devenait inacceptable pour Léo qu'on s'oppose à lui. Mon grand-père, titulaire du bail de Pershing, reçut un avis d'expulsion puisqu'il habitait Cosne-sur-Loire, il lui fallait choisir sa résidence principale, Paris ou la Nièvre. Dictée en grande partie par son gendre, la lettre qu'il écrivit reflète la personnalité de Léo. Il y est question de droit, de textes de loi, de domicile légal et de résidence...

Léo prit ensuite lui-même la plume pour évoquer le non-respect de la loi de 1948 et prévient l'architecte qu'il fait diligence auprès de son avocat Maurice Garçon pour faire examiner cette demande qui concerne une enfant mineure que l'on va mettre à la rue.

Cette amabilité menaçante porta ses fruits, puisque, jusqu'à l'expulsion pour cause d'alignement et de démolition en 1969, il ne fut plus question de me chasser de Pershing.

À cette date encore, son amour pour moi éclatait.

Annie, c'est ma fille, notre fille, celle pour qui nous avons vécu tassés depuis des années dans la Tribu Ferré, courte tribu, mais bonne [...] *secrète comme Annie, gentille petite, dix-huit ans,*

1. Luc Bérimont (1915-1983), romancier, poète. Producteur de l'émission *La fine fleur de la chanson française*.

intelligente et étudiante à la Sorbonne en attendant de prendre le bon train de la vie, à la meilleure heure, le train bleu si possible[1].

Léo aimait aussi sa belle-famille.

Ma grand-mère, femme douce et effacée, adorait son gendre, mon grand-père partageait avec lui un anticléricalisme aigu et des opinions politiques très proches.

Les deux belles familles s'appréciaient, se recevaient, à Cosne, à Monaco.

Sur les parents de Léo, les biographes se sont essentiellement servis du livre *Benoît Misère*, des souvenirs d'un ami d'enfance que je n'ai pas connu et qui l'a accompagné après 1968, de la publication d'une lettre que son père lui avait écrite à la lecture de *Poète… Vos papiers !* en 1956[2], peut-être des dires de sa sœur que nous n'avons presque pas vue pendant dix-huit ans, de sa dernière femme qui a rencontré Léo âgé d'une cinquantaine d'années et qui a recueilli, comme tant d'autres, des confidences très romancées.

Le père de Léo fut pendant longtemps un grand-père bis. Brave homme, soupe au lait, il aimait son fils et n'hésitait pas à l'encourager en toute occasion. Il le consola lors de l'échec de *La Nuit*, en lui promettant une revanche. Nous recevions des fougasses, des lettres affectueuses avec un « petit chèque » pour chacun de mes anniversaires. Il écrivait régulièrement à sa « chère Madelon » : « Notre premier devoir est de vous remercier de tout cœur de ce que vous faites pour Léo qui est un bon petit secondé par sa femme véritable amour s'il en fut[3]. »

Péchou avait de l'humour. Il avait reçu, adressée à Léo (qui avait administrativement gardé son adresse à Monaco), une convocation à la direction de la Sûreté publique pour « divagation d'un animal malfaisant » à Cancale. Il demandait à son fils devenu « un criminel qui déshonorait la famille » s'il

1. Présentation du disque *Léo Ferré, op. cit.*
2. Mise en parallèle avec celle de Bachelard au sujet du même recueil. Il a attendu la mort de son père (1973) pour la publier (1974).
3. Lettre de Joseph Ferré à Madeleine Ferré.

devait lui-même, son père, allait se noyer dans les eaux du célèbre Paillon pour purifier leur nom de famille, ajoutant perfidement qu'il pensait qu'il conviendrait que Pépée vienne se noyer avec lui.

Il souffrait de l'attitude de Léo qui allait rarement à Monaco, il le comparait à Charles Trenet, à Maurice Chevalier, à Georges Guétary qui, eux, parlaient gentiment de leur mère. Eux à Monaco n'étaient que des «couillons», il demandait que Léo les traite au moins comme il traitait Pépée... Il lui reprochait violemment de ne pas aimer sa sœur.

Avec des mots que l'on pourrait lire chez Pagnol, je croyais entendre Raimu lorsque Péchou s'adressait à son fils : «L'instruction, mon petit, t'a embelli le cerveau, mais t'a gâté le cœur.» Dans «L'Homme», en 1953, Léo ne disait pas autre chose : «*Le cœur mangé par la cervelle.*»

Péchou voulait remettre les pendules à l'heure et exprimait son grand chagrin de voir Léo raconter tant de contre-vérités pour embellir son image romantique de poète incompris, voire de poète maudit : «Arrête de dire des bobards sur ton enfance, rappelle-toi.» Il l'accusait de construire sa légende en se posant en victime. Léo n'a pas appris la musique en cachette, il a pris des cours de piano, d'harmonie, et son père ne l'a pas empêché de faire le conservatoire.

Comme Céline jouant de la persécution, Léo exagérait sa misère, et son père énumère les sommes qu'il lui a envoyées et moult détails familiaux très précis.

Quel que fût l'âge ou la notoriété de son fils, il lui faisait la morale : «Personne n'est dupe à Monaco.» Léo ne supportait pas.

Éternel révolté, il n'en a jamais fini de se venger de ses blessures d'enfance.

Certes, son père fut autoritaire et avait sans doute l'esprit trop étriqué pour un enfant hypersensible qui avait manqué d'espace intellectuel, mais Léo fut injuste et cruel envers lui.

Il parlait peu de sa mère : «*La mélancolie* / [...] / *C'est voir sa maman / Chaqu'fois qu'on s'voit mal*[1].» Il n'allait pas la voir. Femme maladivement peureuse, elle s'imaginait sans cesse volée, assassinée. Il n'était pas question pour elle de se déplacer chez nous, il n'y avait pas de serrures et un animal sauvage.

« Quitte ta hargne », écrivait le père à son fils.

Cette hargne grandissait chez Léo depuis son installation difficile dans le Lot. Ses yeux se mirent à se plisser souvent, sa bouche se pinçait méchamment, il ne supportait plus aucun obstacle. À croire qu'autour de nous il n'y avait que « des cons et des judas ». Il redevenait grimaçant.

Déjà en 1961, mécontent d'avoir participé à une émission de radio chapeautée par l'eau Perrier, ce qui en la circonstance pouvait apparaître comme une publicité, il avait envoyé à André Parinaud une lettre pleine de mépris dans laquelle il lui précisait, entre autres gracieusetés, que ses amis avaient une autre gueule que lui. Parinaud en avait sobrement accusé réception, cette lettre lui avait au moins permis de connaître l'opinion de Léo sur sa gueule.

Léo pendant dix-huit ans a toujours interdit que son nom soit associé à une quelconque publicité commerciale. Je suis loin d'être certaine qu'il aurait apprécié que sa chanson « C'est extra » accompagne une marque de sardines.

Ma mère avait de plus en plus de mal à aplanir certaines situations.

En 1964, Fernand Dailly son impresario pour le Canada dut le menacer d'un procès s'il n'était pas payé. Elle arrangea les choses, fit envoyer l'argent par Léo qui écrivit, contre son gré, quelques mots rageurs, je la revois courant après son mari, un stylo à la main, pour qu'il accepte de signer le chèque.

En 1965, il envoyait des lettres incendiaires à des éditeurs qui « détournent des pensées qui ne leur appartiennent pas ». Rolf Marbot constata avec déception que Léo invoque une fois de plus le droit pour chercher à échapper, par des astuces juridiques, à un contrat pourtant bien clair.

1. « La Mélancolie ».

Plusieurs textes de cette époque furent refusés par des journaux, impubliables, car trop méchants.

Il clamait à la fois son bonheur d'être libre en promenant son chimpanzé tout en écrivant la musique d'*Une saison en enfer* et son mépris général en s'en prenant pêle-mêle aux bourgeois, aux miteux, aux fumiers, aux dégueulasses, aux cocos, à sa sœur, à sa première femme.

Denise fut la première victime de leur nouveau mode de vie, le premier reniement. Ne supportant plus d'être agressée par Pépée, elle parla de partir. Léo réagit violemment, voyant là une trahison. Couverte de morsures, elle fut sommée de quitter les lieux en quelques heures. Après onze ans de vie commune, jamais déclarée, elle eut seulement droit à une lettre de Léo qui me fait encore honte, il lui accordait par ce certificat le droit de « pouvoir prétendre hautement à une place de bonne à tout faire [...] ayant toutes références qu'on attend habituellement des gens de maison dont elle semble vouloir faire partie ». Le viatique était un peu léger.

Il y joignait quelques lignes dont le contenu m'écœure, et dans lesquelles il lui faisait savoir qu'il l'avait auparavant couchée sur son testament avec un nombre respectable de millions, mais puisqu'elle avait changé de monde, il lui souhaitait simplement d'être heureuse.

Qui parle de bonheur a souvent les yeux tristes[1]

Ils avaient abandonné leur île tant aimée. Il leur avait fallu trouver un lieu plus isolé. Ils achetèrent en 1963 dans le Lot un château entouré de quarante hectares : Pechrigal, transformé en Perdrigal par Léo.

Le piège allait se refermer.

En découvrant les lieux, j'ai tout de suite détesté. Je flairai le malheur.

Cette solitude aride au milieu des bois, ce climat étouffant l'été, très froid l'hiver, ces pièces trop grandes, trop hautes. La description qu'en fit ma mère dans *Mémoires d'un Magnétophone*[2] est enchanteresse, je ne la reprendrai pas. Elle qui aimait tant la mer avoue cependant combien le cadre de Perdrigal pouvait être à la fois paradisiaque et sinistre.

Il renferme mes plus mauvais souvenirs.

« Leur vie est un long chant d'amour », rapportait une envoyée spéciale dans le Lot, Annette Brierre[3], tout en reconnaissant que leur mode de vie était « très particulier ».

Très particulier en effet.

La descente aux enfers commençait.

Une seconde rupture, avec moi cette fois, annonça les drames

1. Louis Aragon, *Le Roman inachevé*, *op. cit.*
2. Madeleine Ferré, *op. cit.*
3. *La Dépêche du Midi*, 26 novembre 1967.

à venir. J'avais échoué en propédeutique, je devais m'y préparer pendant l'été afin de me représenter en septembre. Ils avaient décidé que je réviserai en août à Perdrigal, ce qui me terrifiait puisque j'allais devoir cohabiter avec cette Pépée, incontrôlable, à qui ils laissaient absolument tout faire puisque Léo avait horreur des mots « pouvoir » et « autorité », avec les enfants comme avec les animaux.

Partie en juillet en Espagne avec une amie, je n'avais cessé de pleurer, tourmentée par ce qui m'attendait. J'avais peur, très peur. Je sentais tout simplement qu'il me fallait sauver ma peau, physiquement, moralement, ne plus accepter leurs diktats, leur dire non à tous les deux. Je dis bien à tous les deux, unis dans cette folie grandissante qui allait les détruire.

Je ne trouvais de protection nulle part. Personne n'osait leur dire que leur expérience était dangereuse, qu'il y avait des précédents, qu'ils allaient à l'échec.

En dépit des belles théories de Léo sur le refus, je ne leur avais jamais dit non. J'avais toujours été avec eux une jeune fille bien sage et obéissante. Je ne les avais jamais affrontés.

Léo chantait à Juan-les-Pins. Quand j'arrivai, il était en scène. Rassemblant mon courage, j'annonçai à ma mère dans les coulisses que je ne retournerai pas à Perdrigal, trop effrayée par Pépée, mais que j'irai réviser sagement chez ma grand-mère maternelle dans la Nièvre. Leur réaction fut d'une violence extrême. Mis au courant par ma mère sur scène entre deux chansons, Léo, le bras en l'air, fit mine de vouloir me gifler. « J'ai trop peur, je ne peux pas vous suivre, je pars », dis-je en larmes. « Si un jour tu reviens, menaça-t-il en sueur sortant de scène, ce sera à genoux ! » À la fin du spectacle, tous deux me menacèrent : « Tu n'es plus notre fille. Si tu pars, ne reviens jamais. On te coupe les vivres. »

Le côté théâtral n'effaçait pas la tragédie personnelle que je vivais. Je les aimais, je n'avais rien fait de mal. Ils me rejetaient. Au volant de ma petite Spitfire, je m'enfuis en pleurant de Juan-les-Pins. Il pleuvait, la pluie et mes larmes dressaient un rideau opaque qui m'empêchait de voir la route, je conduisais vite, souhaitant mourir. J'échappai par miracle aux camions et aux fossés. Après dix heures de route, j'arrivai en mauvais état dans la Nièvre chez mes grands-parents. La chaleur de leur accueil fut salvatrice. Je n'étais plus chez les fous.

Quelques jours après, je reçus une brève lettre de Léo : « Rend la voiture, rend le Polaroid ! » Je rendis… le Polaroid.

Devenue l'ennemie déclarée, je ne faisais plus partie de leur monde, j'avais quitté la tribu. Mes grands-parents, horrifiés de l'attitude de leur fille et de leur gendre, me proposèrent de me prendre financièrement en charge en m'offrant de « casser » leur livret de caisse d'épargne afin que je puisse continuer mes études. Je refusai. J'avais un père qui vivait une confortable vie de célibataire dans un bel appartement parisien. J'allai vers lui. Il n'hésita pas un seul instant et m'offrit de venir vivre avec lui. Je le rejoignis.

Ce fut un choc pour Léo, une véritable trahison qu'il ne me pardonna véritablement jamais. Il m'avait élevée avec générosité et amour, m'avait considérée comme sa fille, et voilà que je retournais chez mon père, dans un autre monde, ce monde des « bourgeois » qu'il croyait m'avoir appris à haïr, qu'il croyait si éloigné de moi, de lui.

Je n'avais pas trop le choix, je voulais continuer mes études. Sans un sou malgré les quelques leçons particulières que je donnais de temps en temps, j'étais perdue. Je voulais me mettre à l'abri, l'abri était confortable, mon père retrouvait une fille.

Le temps passa.

Un soir, le téléphone sonna chez mon père, je décrochai, c'était Léo, la voix sèche, coupante : « Ta mère est trop malheureuse, elle ne mange plus. Reviens. » Je pris le train pour Gourdon. Il m'attendait à la gare, le visage mauvais.

« Je reviens mais debout », furent mes premiers mots.

J'avais été à bonne école.

J'y restai quelques jours, dans une atmosphère pesante dont témoignent les *Mémoires d'un Magnétophone*.

Le retour d'Annie ne ressemble en rien au retour de l'enfant prodigue, avec le veau gras. Je pensais qu'elle s'était échappée…

> *elle n'a jamais été dans notre cercle.* Plus loin elle reconnaîtra : *Je relis les premières pages à son sujet : j'ai été injuste, j'ai été une mère abusive. C'est ma fille intelligente, lucide, sensible.*

et me le dédicacera : «À ma fille chérie souvent maltraitée dans ce livre mais tellement aimée.»

À cette époque, je n'aimais pas ce livre noir, hymne à Pépée, annonciateur de drames.

Un soir, autour d'une table des *Îles Marquises*, restaurant où nous allions souvent, rue de la Gaîté, après le tour de chant de Léo à *Bobino*, Jean Richard vint nous rejoindre. Ils parlèrent chimpanzé. La conversation dégénéra. Léo et ma mère, surtout ma mère, l'accusèrent violemment de ne pas aimer véritablement les animaux en ne cherchant pas à les comprendre, mais seulement à en profiter avec son cirque. Je crus qu'ils en viendraient aux mains. Les époux Ferré se serraient l'un contre l'autre, incompris, en colère contre le monde entier.

De retour à Perdrigal, rien ne s'arrangea. Ils essayaient pourtant encore de tenir le cap, de donner le change, mais leur vie devenait de plus en plus impossible, les menaces s'amoncelaient. Je commençai à prendre sérieusement conscience de l'écart considérable entre l'artiste génial et adulé, et la réalité menaçante de son quotidien dans le Lot.

Lorsqu'ils s'y étaient installés, ils s'étaient essayés à une vie ordinaire : travaux d'aménagement, petites réceptions locales avec invitations au maire, au préfet, à quelques amis. Progressivement, ils vécurent en vase clos, prêts à tout pour pouvoir continuer cette vie qu'ils avaient choisie et beaucoup revendiquée.

Ils s'étaient entourés peu à peu d'un véritable zoo d'animaux en souffrance : chiens, chats, taureau (Arthur), vaches aux noms de la mère et des tantes de Léo (Charlotte, Titine, Fifine), moutons, cochon (Baba), autres chimpanzés maltraités achetés au hasard de cirques ambulants. Une vieille Zaza[1], «qui avait

1. Nom également de la chimpanzé de Michel Simon.

les mains de Piaf», selon Léo, ne quittait pas sa cage, elle était dangereuse. Lui-même y pénétrait rarement, il en avait peur.

Le personnage le plus important de leur étrange vie restait avant tout Pépée.

La seconde fille

« Pépée est notre seconde fille. Non pas une erreur de jeunesse, peut-être une erreur d'aiguillage [1]. »

L'intelligence d'un chimpanzé se développe plus vite que celle d'un enfant du même âge, nous avait appris le dresseur à l'*Alhambra*, ajoutant qu'à deux ans l'enfant lui continuait à progresser, contrairement au chimpanzé. À deux ans, nous avait-il expliqué, le chimpanzé a un cerveau à 90 % de sa formation, alors que celui de l'homme évolue plus lentement.

Léo et ma mère allaient de surprise en surprise, bouleversés par la vivacité, la tendresse de ce petit être, qui leur faisait des câlins particulièrement tendres et émouvants. Ma mère découvrait, redécouvrait, ce qu'elle n'avait pu savourer à vingt ans, car elle m'avait assez vite, très jeune, confiée à ses parents.

Pépée avait sa chambre, ses jouets, elle déjeunait avec nous, faisait la sieste, conduisait la voiture sur les genoux de Léo. Le soir, avant d'enfiler son pyjama, elle buvait gentiment sa tisane avant de nous serrer tendrement et très fort dans ses bras.

Ses progrès étaient surprenants. Elle n'avait pas appris un quelconque langage des signes. Il ne s'agissait pas de réflexes de Pavlov, elle n'était pas conditionnée. Quand elle voulait communiquer, c'est tout simplement parce qu'elle avait envie

1. Présentation du disque *Léo Ferré*, *op. cit.*

de dire quelque chose ou de poser une question. Elle se faisait parfaitement comprendre par des mimiques souvent attendrissantes en poussant des cris choisis parmi une gamme très diversifiée que j'appris à identifier.

Je me mis à parler chimpanzé.

L'expérience était extraordinaire. Cette proximité génétique fait immanquablement naître des questions vertigineuses tant ces animaux sont proches de nous : émotions, empathie, étonnement, joie, sourires, nous les partagions avec Pépée. Nous approchions cette frontière floue qui nous sépare d'un animal.

Je lui faisais sa toilette, je lui parlais, elle m'écoutait, j'étais passionnée… tout au moins au début.

Puis Pépée grandit, elle prit du poids et de la force.

« Son développement sera naturel, comme elle est intelligente, elle progressera d'elle-même. » Léo lisait Darwin, il m'expliquait qu'il existe une différence de degré, pas de nature, entre les chimpanzés et nous. Tous deux étaient persuadés qu'ils allaient remonter jusqu'au dernier ancêtre commun aux hommes et aux chimpanzés, jusqu'au chaînon manquant.

Avec encore un reste de lucidité, Léo déclarait :

Nous sommes […] *tellement intolérants que nous ne tolérons pas qu'on dise d'elle qu'elle est un « singe ».* […] *Nous ne dressons pas Pépée, nous l'élevons*[1].

Effectivement, passage obligé, Pépée devait être traitée comme une enfant, surtout pas comme un animal. Chaque mot ou expression à son égard était analysé comme un sésame pour entrer dans leur monde. Il fallait adhérer entièrement à leur mode de vie, faire allégeance, sinon on devenait un ennemi. Ils cataloguaient définitivement les gens selon leur approche de Pépée. Ils se sont comportés en tyrans. Avec un bel accord, ils ont, petit à petit, tout rejeté, famille (parents respectifs), enfant (moi), véritables amis. Ceux qui se rendaient compte de la folie

1. *Ibid.*

ambiante et essayaient de les mettre en garde étaient écartés. C'était désolant, cette obséquiosité que j'observais. La franchise ne payait pas. À quoi bon, il était préférable de flatter, et ensuite de rentrer tranquillement chez soi mener une vie « normale », loin de cette maison d'illuminés.

J'ai en ma possession des lettres parfaitement ridicules et pitoyables d'« amis », de « proches » qui encensaient Pépée afin d'entrer en grâce.

« Un chimpanzé, c'est presque nous, l'innocence en plus », affirmait Léo. Comme il se trompait ! S'il existe une indéniable parenté, parents éloignés, cousins ou frères, l'innocence est à mes yeux loin de caractériser un chimpanzé.

Quelques souvenirs, très peu, peuvent faire sourire.

Le professeur Michel Boiron, éminent hématologue, fut invité avec sa femme à Perdrigal – amis privilégiés, ils avaient eux aussi élevé un chimpanzé, mais ils avaient su raison garder en ne lui sacrifiant pas leur vie comme le couple Ferré. Au moment du coucher, en se glissant nu dans son lit, il eut la surprise d'y être rejoint illico par une Pépée tendre, câline et joueuse qui se serra fort contre lui. Paul Guimard, lui, appréciait modérément que Pépée lui « roule de fougueux patins ».

Elle préférait les hommes, ma mère avait une place à part.

Au cours d'une soirée, au début de leur installation, ils avaient invité à dîner à Perdrigal le préfet du Lot et Madame qui désiraient voir « cet animal si extraordinaire ». Ma mère, voulant éviter les facéties de Pépée, leur recommanda de s'habiller « en dégueulasse » (en jean voulait-elle sous-entendre).

Tandis que les truffes enveloppées de jambon de Parme et scellés dans du papier aluminium couvaient sous la cendre, tandis que le gigot pas encore à point commençait à grésiller dans le four, je les vis arriver, parés comme des châssis de Fête-Dieu, lui nœud papillon, montre en or massif, elle somptueuse robe de lamé sous le manteau de fourrure, collier, boucles d'oreilles et bracelet assortis.

Pépée fit une entrée fracassante en un tour de paluche, ils étaient tous les deux quasiment à poil. Elle faucha tranquillement une petite tranche de gigot et s'en alla avec sous le bras, dans une main manteau de fourrure, collier, bracelet et soutien-gorge, dans l'autre montre et nœud papillon. En un clin d'œil tout était en haut du toit. Elle poussa le charme, ayant mis son butin à l'abri, à venir les embrasser pour le dessert ! Ils durent repartir, « en dégueulasse », avec des fringues à nous, mais susurrant chaleureusement qu'ils avaient passé une soirée « extraordinaire ». Je les crois ! Le lendemain, elle me ramena ses trophées de la nuit et me les offrit.

Pépée était une remarquable comédienne. Sournoise et manipulatrice, elle savait faire semblant, s'adapter quand besoin était. Elle avait parfaitement la conscience du bien et du mal, calculait, faisait la différence entre les animaux – qu'elle semblait mépriser si ce n'est pour leur jouer de sales tours – et nous les humains. Parmi ceux-ci, elle avait fait des choix : maman d'abord, Léo ensuite, le reste, on verrait, ce serait selon.

Élevée sans aucune autorité, elle avait malheureusement compris qu'elle pouvait à peu près faire n'importe quoi sans risquer que de vagues menaces parfaitement ridicules.

Quel enfant d'homme résisterait à une telle éducation ? L'enfant roi n'est pas supportable, alors un chimpanzé, avec sa force…

Un jour que je me promenais derrière ma mère dans une des allées du château à Perdrigal, Pépée grimpa brusquement dans un arbre au-dessus de moi et se laissa chuter violemment sur ma tête. Je tombai sous le choc, presque évanouie, elle me mordit, je poussai un cri, et devant ma mère interrogative qui se retourna, Pépée prit immédiatement un air des plus innocents et se mit à m'embrasser avec une tendre mimique là où elle m'avait mordu : « Tu t'es fait mal, elle te console, c'est ta seu-sœur. » Impassible, indifférente, elle continua son chemin, et Pépée me remordit : l'enfer !

Pépée était une garce, méchante. Vive la frénésie sexuelle du bonobo ! Vive la sensibilité du gorille et la nonchalance de l'orang-outang qui lui est végétarien ! Pépée, elle, aimait la viande. Ses colères étaient effrayantes. Sa force la rendait dangereuse. Ses bras étaient terrorisants, redoutables, ses exigences violentes. J'avais appris à décrypter toutes ses mimiques : elle riait à gorge déployée lorsque je lui faisais des chatouilles, ou quand elle nous jouait ce qu'elle pensait être un bon tour, mais c'est avec une véritable terreur que je voyais son sourire, bouche ouverte, toutes dents dehors, se transformer en signe d'agressivité. La différence pouvait sembler minime, mais elle était de très mauvais augure, avec un peu plus de dents, des cris un peu plus stridents.

Tout était alors à craindre.

Elle avait ses crises de nerfs, se roulait par terre, puis se redressait sur ses pattes arrière en balançant ses grands et gros bras qui pendaient, prêts à vous serrer bien fort. Avec ses mimiques menaçantes, ses provocations continuelles, elle savait qu'elle ne risquait rien à faire sa loi, tout lui était permis, elle voulait intimider, elle menaçait. Elle voulait avant tout le pouvoir. Elle l'a eu. Vouloir n'est pas obtenir, mais Pépée obtenait tout ce qu'elle voulait.

Ses vengeances, lorsqu'elle était contrariée, devenaient dangereuses, car sa force était incontrôlable et incontrôlée. Les rares personnes venues sur place à cette époque ont témoigné de la véritable terreur qu'elle inspirait aux visiteurs qui s'enfuyaient de ce lieu cauchemardesque. Il faut l'avoir vécu pour pleinement prendre conscience de ce que l'on pouvait ressentir lorsqu'on voyait débouler, accompagnée de cris, une forme noire d'environ un mètre vingt, qui fonçait sur vous et n'hésitait pas à vous renverser, en exhibant ses énormes canines, prête à vous mordre si vous ne lui étiez pas sympathique! Vous deveniez sa chose. Au gré de ses humeurs, elle jouait avec vous ou vous agressait.

J'appris plus tard qu'en 2009, dans le Connecticut, une femme avait été attaquée par un chimpanzé qui la connaissait pourtant fort bien. Entièrement défigurée, les yeux et la langue arrachés, elle resta entre la vie et la mort. La police dû abattre l'animal.

Il me souvient, parmi tant d'autres, d'un épisode qui aurait pu très mal se terminer : un jeune couple poussant un landau avec un bébé s'aventura sur nos terres. Ils voulaient témoigner leur admiration au Poète. C'était bien imprudent. Brusquement Pépée surgit, prit le bébé sous le bras, grimpa sur le toit. Léo arriva en courant, mit la main à la poche arrière de son pantalon, sortit un ridicule revolver en plastique et s'adressa à sa « fille » qui le narguait avec son paquet sur le toit. « Attention, descends, papa n'est pas content, papa va tirer ! » En vain, l'exhortation paternelle habituelle fut sans effet, ma mère échoua également avec son « Ma chérie, donne à maman ». Les pompiers furent appelés. Le couple, abasourdi, put récupérer son bébé, ayant à peine eu le temps de se rendre compte de la situation. Les miracles existent.

Mes parents pensaient réussir là où tout le monde avait échoué : faire parler un chimpanzé.

On leur avait dit que cette possibilité dépendait de la position du larynx, ou d'autres particularités anatomiques, qu'il existait une impossibilité morphologique, que leur langue occupait trop de place dans leur palais, etc. Ils ne voulaient rien entendre, chacun de ses cris, ou onomatopées, était disséqué, expliqué. Eux allaient la faire parler, non pas comme dans les laboratoires, avec un apprentissage ou en recherchant d'autres formes de langage que le langage parlé. Selon eux, nul besoin d'éducation. Là où tous ces « savants » et autres ignorants propriétaires de chimpanzés avaient échoué, eux réussiraient, prouveraient au monde entier qu'ils avaient raison.

En attendant ce miracle, le danger était partout à l'extérieur comme à l'intérieur. Plus de gouttières, plus de vitres, la toiture déjà bien endommagée représentait une grande menace. Pépée faisait voler les tuiles en visant tout ce qui passait à proximité, s'attaquait aux chats qu'elle tuait, aux chiens qu'elle martyrisait. Notre brave Golaud eut une fin de vie terrifiante.

À l'intérieur, tout était cassé, les portes, les meubles, la nourriture et les liquides volaient. L'espace à vivre se rétrécissait. La table de la salle à manger était un champ de bataille. Pendant les dîners, je relevais mes jambes en les pliant en tailleur sous mes fesses afin d'éviter de cruelles morsures aux jambes par une Pépée déchaînée qui, sous la nappe (quand nappe il y avait), s'attaquait à tout ce qui dépassait.

Quelques pièces avaient été fermées à clef, elles ne résistèrent pas longtemps.

> *Pépée était à la fois déménageur, couvreur, plombier, femme de ménage, couturière, cuisinière, elle savait tout faire ou plutôt tout défaire*, ironisera ma mère que l'idée de servir des spaghettis au Mir vaisselle semblait amuser.

Je n'ai jamais trouvé cela drôle.

Quand ils devaient partir, ils exigeaient d'arriver juste à temps pour les répétitions afin de ne pas abandonner trop longtemps cette arche chimérique et diabolique. Pour se rendre à certains galas, il leur fallait quitter les lieux la nuit pendant que leur «fille» dormait. Quand Léo remplaça Trenet malade à *Bobino* du 17 au 29 mars 1965, ce fut très compliqué de laisser derrière eux tous ces animaux. Ils vivaient dans une angoisse permanente, pendus au téléphone dans la crainte de drames domestiques. Quelquefois, ils l'emmenaient en tournée et utilisaient une camionnette aménagée avec des barreaux. Maman, derrière avec Pépée, donnait d'elle une image peu flatteuse. Elle oubliait qu'elle était la femme d'un homme célèbre et convoité, d'un homme tout simplement qui, prisonnier de ce huis clos infernal, allait bientôt chercher une porte de sortie.

Léo Ferré et Annie, 1960.

Catherine Sauvage et Madeleine Ferré, vers 1960.

Pochette du programme du premier *Alhambra*, mars 1961.

LA MUSIQUE.. Quand mes hautbois en caravanes
viennent mourir dans tes jardins...
(Poème).

La Vie
de Léo Ferré

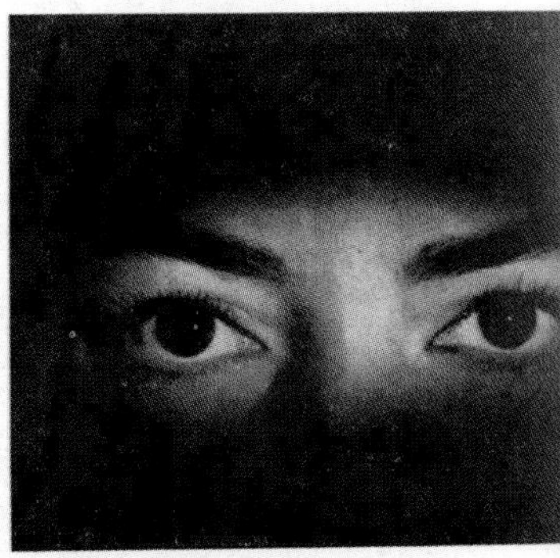

SA FEMME...
Y'a l'permanent dans tes quinque
Les fleurs d'amour s'fout(nt) en
[
(Mon p'tit voyou

LA NATURE...
Comm' des violons sur l'Atlantique
Qui chanteraient la fantastique
(Le Vent).

CHIENS...

Ils ont des chiens, parfois, compagnons
[de misère,
Et qui lèchent leurs mains de plume
[et d'amitié.

(Les Poètes).

SA FILLE...

T'es tout' nue
Sous ton pull
Y'a la rue
Qu'est maboule

(Jolie môme).

PEPEE...

Mes amis qui m'étiez fidèles
Où êtes-vous ? Où êtes-vous ?...

Intérieur du programme du second *Alhambra*, novembre 1961.

Léo Ferré et Pépée, île Du Guesclin, vers 1961.

« Elvire, attendant la soupe. » Dessin de Léo Ferré dans une lettre du 9 juillet 1959 adressée à ses beaux-parents.

Madeleine et Léo Ferré avec Pépée
sur les toits du boulevard Pershing, 1961.

Annie et Léo Ferré déguisés pour une soirée donnée par Eddy Barclay, début des années 1960.

Léo Ferré et Pépée, boulevard Pershing, 1961.

Madeleine Ferré et Pépée se baignant à l'île Du Guesclin, vers 1962.

Madeleine et Léo Ferré dans l'île Du Guesclin, 1962.

Léo Ferré, 1962.

Madeleine Ferré, 1962.

Madeleine et Léo Ferré à Du Guesclin, 1962.

Léo Ferré à Du Guesclin, 1962.

Léo et Madeleine Ferré au travail à l'île Du Guesclin, 1962.

Vue de l'île Du Guesclin, 1962.

Barbarie, le bonheur est si court[1]...

Petit à petit, nos relations se rétablirent.

« Où aimez-vous vivre ? » l'interroge un journaliste en avril 1963 : « Partout, si c'est avec les gens que j'aime : ma femme, ma fille[2]. »

En novembre 1963 nous partîmes au Canada, avec Po-Paul et deux « amis » : l'homme à tout faire et un photographe belge, tous deux choyés par ma mère qui favorisa énormément leurs relations avec un Léo encore méfiant. Quelques années plus tard, ils s'acharneront contre elle pour aider leur sponsor et « ami » à divorcer, en rédigeant de méchantes et utiles attestations.

Léo enchaînait les triomphes.

Lors d'un récital en province, la presse reprit ses déclarations d'amour :

> *Ses amours ? Ils sont peu nombreux : sa femme, sa fille, les chiens et son singe ; auxquels il faut ajouter les poèmes de Villon, de Prévert et la Bretagne*[3].

1. « Barbarie ».
2. *Journal de Bruxelles*, 17 avril 1963.
3. *Caen 7 Jours*, 16 avril 1964.

En 1964, ma mère était louée encore une fois, décrite comme : « La muse de tous les jours, de tous les instants vouée à son poète [1]. »

Le temps des rires et du bonheur semblait revenu.

Je me protégeais. J'avais la sécurité, le confort « bourgeois » chez mon père, un rythme de vie plus calme, et, avec eux, quand ils venaient à Paris, la fantaisie, les extravagances, la bohème. Je ne vivais plus leur quotidien, je ne voulais plus en entendre parler, j'avais assez pleuré, essayé en vain de les prévenir des dangers.

Cet équilibre était précaire, j'en avais l'intuition, je savais de quoi ils étaient capables.

Avec tendresse, comme toujours, Léo me dédicaça son *Ferré 64* : « À ma petite Nanichette, son fidèle Pouta [2]. »

Il avait pour ce disque écrit des consignes très précises à Jean-Michel Defaye sur l'orchestration de chaque titre. Ce sont parfois de simples notes sur l'ambiance : il désire pour telle chanson « un arrangement à la Bing Crosby assez café au lait et légèrement bandant », d'autres fois, il s'agit du travail très détaillé d'un musicien professionnel qui insiste sur le nombre de croches et de rondes.

Ne supportant pas que je reste chez mon père, il me proposa une pension de famille rue Saint-Benoît, rue où il avait habité avant-guerre. Nous la visitâmes, c'était une pension balzacienne, pas très loin de cette rue de la Montagne-Sainte-Geneviève décrite par l'auteur du *Père Goriot*. Avec ses pensionnaires falots et ses odeurs un peu rances, elle nous fit penser à la pension Vauquer. Léo, dont le sens olfactif était très développé, n'eut pas à m'expliquer ce qu'il ressentit. Nous ressortîmes muets et complices. Il envisagea alors de m'acheter un studio. Ce qu'il fit en 1965, en société, toujours cette manie.

1. Jean Ravet, *Le Progrès de Lyon*, 5 novembre 1964.
2. *Ferré 64*, Barclay 80 218 M, 1964.

J'avais trouvé rue Dauphine, au dernier étage sans ascenseur, un petit deux-pièces mansardé, sous les toits. Léo me meubla. Pour la première fois, je les invitai à déjeuner chez moi, j'avais fait des efforts, je voulais qu'il m'admire pour autre chose que pour mon « intelligence » ! Ce fut raté, je leur proposai un poulet que j'avais oublié de vider et de la purée en sachet qui le fit hurler. Nous allâmes déjeuner en riant chez *Sébillon* comme avant, près de notre cher Pershing.

En mars 1965, il me dédicaça affectueusement son 45 tours de quatre chansons, « Ni Dieu ni maître », « La Chanson des amants », « Monsieur Barclay », « L'Enfance » :

> *À ma toujours petite Annie, à peine sortie de « L'Enfance », cette « Chanson des amants » qu'elle aime beaucoup et que « Monsieur Barclay » a décidé de lancer aux quatre coins des ondes. Esto Memor « Ni Dieu ni maître », seulement un peu d'amour pour aider à vivre.*
> *Léo Le Poutachou (Bobino le 3/65)*

Que demander de plus ?

Le mois suivant, en avril 1965, Denise Glaser présenta un *Discorama spécial Léo Ferré*.

Avec son art des silences, cette présentatrice savait tirer les confidences les plus intimes de ses invités. Quand elle l'interrogea sur sa femme Madeleine et sur moi, il pleura quelques secondes puis se reprit. Il voulut faire supprimer cette séquence. Denise Glaser ne l'écouta pas et la garda au montage. Son émotion n'était pas feinte, il fut traité de cabotin, Léo avait la larme facile, il est vrai.

Une fâcherie eut lieu plus tard avec Denise Glaser. Très susceptible, elle n'avait pas apprécié que Léo en parlant d'elle emploie l'adjectif « petite ». Dans une lettre très amusante, avec humour et gentillesse, il lui affirme qu'il appelle également « petite » sa femme, sa fille et Pépée.

Fin 1967, ils acceptèrent avec crainte que soit tourné à Perdrigal un *Cinq Colonnes à la Une*[1]. Effrayés par les dégâts que pourrait provoquer l'exubérante Pépée, ils exigèrent une équipe réduite à trois personnes, trois malabars qui pourraient l'encadrer si besoin était. Ces hommes furent, paraît-il, très impressionnés. Je n'en doute pas, Pépée pouvait, quand elle le voulait, paraître civilisée et même très urbaine. Absente ce jour-là, j'ai vu cette émission récemment, étonnée de découvrir à quel point ma mère apparaissait effacée face à son mari qui très à l'aise jouait avec facilité les vedettes.

1. Les émissions sont visibles sur le site Internet de l'INA.

De la gloire à la folie

« Quand je sombrerai dans la gloire
[...]
Des tas d'amis inattendus
Viendront piquer à ma mangeoire [1]. »

Nous y étions.

Comment cet homme a-t-il pu écrire cette géniale chanson, et s'être laissé prendre lui-même aux pièges de la fausse amitié et de la célébrité ?

Les faux amis et profiteurs de toutes sortes affluaient. « *J'avais des copains / Qui mangeaient mon pain* [2] », avait composé Léo en 1954. Ils commencèrent à très bien manger.

Léo, enfin celui que j'ai connu pendant dix-huit ans, celui qui déclarait : « J'ai très peu d'amis, ils tiennent sur les doigts d'une main [3] », celui qui chargeait ma mère de faire barrage, car nous lui suffisions, disait-il, celui-là commença à changer.

Ma mère avait commis la faute d'avoir le cœur trop tendre en introduisant chez nous certaines personnes, contre la volonté de son mari. Depuis qu'il était devenu « vedette », nous étions envahis de gens de toutes sortes, certains sincères, d'autres

1. « Le Parvenu ».
2. « Graine d'ananar ».
3. André Poirier, *Point de vue. Images du monde*, 7 avril 1956.

moins. Quelques-uns restaient discrets, témoignant par lettres leur véritable admiration sans rien demander, d'autres forçaient notre porte au propre comme au figuré.

Ce fut le cas lorsqu'une femme en pleurs, faisant état de son dénuement et de son immense admiration, sonna chez nous en suppliant ma mère de pouvoir faire rencontrer à son mari un si grand artiste. C'est ainsi que débarqua dans notre vie un homme qui se mit littéralement à genoux devant le couple Ferré en invoquant son désir de lui être utile. Il avait de « gros problèmes de fric » et se vantait de voler habilement son employeur. Cela amusa le couple amoral. Léo, très réticent au début, puis influencé par sa femme, accepta à contrecœur l'arrivée dans notre vie de cet ami si déférent et si empressé. L'homme sut y faire. Ils le surnommèrent « Frappe qu'un coup », car il était violent. Ils l'employèrent à faire la garde devant la loge afin d'écarter les admirateurs trop excessifs, il eut l'occasion de faire assez souvent le coup de poing. Il portait les valises, aidait ma mère aux éclairages, donnait entre deux chansons son verre d'eau à la vedette, promenait les chiens, me servait de chauffeur. Il était aux ordres. On devrait toujours se méfier des gens trop dévoués. Petit à petit, à force de ramasser des miettes de notre intimité, il chercha à s'introduire bien davantage dans la vie de ma mère et dans la mienne. Cela aurait dû nous alerter. Toujours là pour répondre aux moindres désirs de mes parents, il finit enfin par leur être indispensable surtout à l'arrivée de Pépée lorsqu'ils s'installeront à Perdrigal. Face au couple désemparé et submergé par des problèmes d'intendance dans ce grand château, avec toutes ces bêtes, il sut trouver sa place. Il comprit assez vite où était son intérêt. Il flattait honteusement ma mère, il lui demandait de corriger un manuscrit qui n'intéressait guère Léo :

> *Madeleine est pour ce faire* [la correction de son livre] *un autre moi-même bien plus compétent, bien plus sûr* [...] *et bien moins faillible.* [...] *coupe, taille Madeleine, je suis persuadé d'avance que ce qui va en rester aura de la gueule.*

Il réclamait pour lui ce qu'elle faisait pour Léo.

Il voulait venir à Perdrigal, il avait besoin, écrivait-il, de «prendre un bol de Pépée», il était prêt à tout pour eux. C'était bon à entendre par un couple isolé du monde, par une femme guettée par la neurasthénie. Ils crurent tous deux en son amitié. Elle exista peut-être à une certaine époque, lorsqu'il aidait Léo à imprimer des partitions «petits formats» qu'il illustra avec talent.

Devant moi, Léo critiqua souvent l'homme. Son écriture ne l'intéressait pas, mais, pour l'aider, il affirma le contraire et écrivit de chaleureux textes : «Pour un ami, répétait-il, je suis prêt à faire de fausses déclarations, à mentir, même s'il a commis un meurtre.» Il se voulait inconditionnel comme il souhaitait que les autres le fussent avec lui.

Lors de la séparation de mes parents, alors que j'aurais aimé au moins permettre à ma mère de parler à son mari, ce même homme alla jusqu'à menacer de me tuer si je tentais d'intervenir. Il n'avait plus de travail, de gros besoins d'argent, il lui était important de conserver son gagne-pain. C'était le moment. Il organisa la nouvelle vie de l'artiste, devint le secrétaire très particulier d'un Léo totalement dépassé, éclairagiste, impresario, calife à la place du calife. Il côtoya les sirènes du show-biz, en fit même son métier un certain temps.

Je ne commenterai pas les raisons très privées qui ont poussé Léo à éloigner pendant de nombreuses années cet homme à tout faire qui en avait trop fait. Il écrivit après la mort de Léo un livre rempli de dialogues inventés, de fausses anecdotes, qu'il raconta à des journalistes crédules. Il avoua lui-même longtemps ne pas pouvoir prononcer le nom de Léo sans imaginer que c'était un peu «le sien».

Tout est dit.

Ce n'est peut-être pas le pire.

Parmi mes dégoûts, je pense à un même homme apparu sur le tard qui s'est beaucoup répandu sur Léo en publiant, entre autres, deux livres copiés-collés, sous deux noms différents, particulièrement obséquieux, véritables ramassis de commentaires affligeants.

Léo est un fonds de commerce lucratif, il reste toujours intéressant de vouloir prétendre avoir été l'ami d'un homme qui distribuera de plus en plus volontiers des dédicaces complaisantes et des baisers à qui le flattera. «*Ce sont amis que vent emporte*[1].» Ces amis-là, le vent en amena de plus en plus à un Léo vieillissant.

Certains, heureusement, ne se laissent pas tromper.

Nombreux sont ceux qui veulent associer leur nom au sien. Léo s'est vraiment mis à «parler avec n'importe qui». Jamais les expressions «venir manger dans la main» ou «venir à la gamelle», si vulgaires soient-elles, ne m'ont semblé aussi appropriées. Autour de Léo, pas mal de «mecs», pour parler comme lui, ont vécu financièrement grâce à lui et continuent à en profiter longtemps après sa mort.

Il était paradoxalement à la fois méfiant et naïf – je revois son air étonné de petit enfant quand il croyait ce qu'on lui racontait. «On se fait trop "d'amis"[2]», a répété Léo pendant toute mon adolescence. Pourtant, dans la dernière partie de sa vie, il a été «l'ami» de beaucoup de monde, le parrain de beaucoup d'enfants à qui les parents donnaient son prénom. Les «Léo» se mirent à fleurir.

Il a été idolâtré. À croire qu'il allait guérir les écrouelles.

Cette adoration continuelle et flatteuse finit inexorablement par changer un homme. Insidieusement, au fil des années et des succès, cette idéalisation dont il avait conscience et qu'il a paru rejeter, quoi qu'il en dise, a produit ses effets. «*J'suis qu'un artiste*[3]», chantera-t-il, pourtant comme une drogue, l'accoutumance s'installait, lentement, mais sûrement. Cette méfiance exacerbée qui lui était familière semblait comme anesthésiée.

Un jour, je me suis aperçue que certains cessaient de l'appeler Monsieur, remplacé par Maître. Je le lui avais fait

1. «Pauvre Rutebeuf».
2. André Poirier, *op. cit.*
3. «L'Idole».

remarquer en le citant : *« Chut ! le maître improvise*[1]*. »* Je m'étais moquée de lui, il avait souri.

Les gens venaient vers lui, prêts à exaucer tous ses désirs, se croyant valorisés d'avoir approché un si grand artiste.

J'étais de plus en plus mal à l'aise. Les compliments, « ça coûte pas cher », me répétait-il jadis. Il ne m'avait pas habituée à cela. Maintenant, lui-même n'en était plus avare, ce n'était plus le même homme. Les courtisans et la célébrité gâchaient tout.

Si j'avais des sous
On m'd'mandrait
« Où les as-tu gagnés[2] *»*

« C'est une honte d'avoir des chiens pareils ! Qu'est-ce qu'ils doivent manger ! Qu'est-ce que ça doit coûter cher ! » Ces réflexions, je les ai souvent entendues en promenant nos saint-bernard, elles le mettaient en rage. J'ai toujours approuvé sa colère, et continue à lui donner raison. Il gagnait de l'argent avec ses idées et son talent, qu'on le laisse nourrir ses chiens !

Il fut traité d'anar de luxe, de « poète de la misère qui paie ». Pendant longtemps, il a essuyé refus et humiliations, reçu de maigres cachets, on peut comprendre sa rancœur et son besoin d'évoquer amèrement l'argent dans beaucoup de ses chansons.

Il a aimé les belles voitures – Pontiac, Jaguar, Mercedes, Ferrari –, les palaces – l'*Hôtel de Paris* à Monaco, les *Sofitel*... Il a possédé des châteaux. Il n'a rien volé. Son usine était dans sa tête, se plaisait-il à répondre aux attaques jalouses. Il a voulu amasser pour que ses enfants n'aient jamais à travailler, n'aient jamais de patron, c'était son droit.

Quand il écrivit « Le Testament » (1956), il était effectivement maigre l'inventaire de ce qu'il avait « *mis de côté* » :

1. « Le Parvenu ».
2. « Graine d'ananar ».

Un paquet vide de Celtiques sur la table
Quelques stylos à bille aux roulements d'espoir
Avec dans leurs roulis des chansons… formidables…

Quand il quitta sa femme en 1968, il ne l'était plus.

« Il pouvait être, dans la vie privée, décevant, parfois minable[1] », a écrit l'un de ses biographes. Il l'a été vis-à-vis de ma mère quels qu'aient pu être les torts d'une femme excessive et dépressive.

En même temps que le sens de la formule, il a toujours eu celui de la comptabilité.

Pierre Gairet, dénommé « Le Che », qui fut son très honnête impresario, eut à subir ses reproches injustifiés et virulents et eut droit, lui aussi, à deux vers vengeurs dans le *Testament phonographe*. En 1962 déjà, j'avais été surprise devant ses exigences chiffrées à M. Charrier, alors directeur général du théâtre de l'*Étoile*, en réponse à plusieurs lettres de propositions financières qui ne lui convenaient pas. J'ai découvert ensuite un harpagon capable des pires mesquineries. Extrêmement influençable, il savait être généreux et l'on pouvait tout obtenir de lui si l'on était à ses côtés. Si on s'opposait à lui, c'était un autre homme. Comme sa mémoire, sa générosité elle aussi était souvent « hémiplégique[2] ».

« Ma femme est morte, je suis libre !
[…]
Elle était encore jolie,
Quoique bien fatiguée ! et moi,
Je l'aimais trop ! voilà pourquoi
Je lui dis : Sors de cette vie[3] ! »

Léo supportait mieux l'alcool que ma mère. Je l'ai vu irrité, plus rarement ivre.

1. Louis-Jean Calvet, *Léo Ferré*, Flammarion, 2003.
2. « Ils ont voté ».
3. Charles Baudelaire, « Le Vin de l'assassin » in *Les Fleurs du mal*.

Lors des tournées en voiture, la nuit, alors qu'il était au volant, installée à l'arrière, à moitié endormie, j'étais inquiète en entendant souvent l'un ou l'autre se murmurer tendrement « une petite lichette, mon amour », et la bouteille de whisky, près du frein à main, se vidait. L'alcoolisme mondain allait se transformer en alcoolisme solitaire entraînant la déchéance d'un amour conjugal hors normes.

Les conflits dégénèrent, l'alcool, avec son rôle désinhibiteur, les accentue.

J'ai assisté à la lente détérioration de ma mère. Il m'est arrivé de faire la chasse aux bouteilles cachées, de tracer des traits pour en vérifier le niveau, d'en finir même certaines à table pour éviter qu'elle le fasse, geste bien inutile, elle en ouvrait une autre. Léo l'a laissée s'abîmer. Je lui ai demandé en vain d'essayer de l'aider, de m'aider à la soigner. Il est difficile, souvent impossible pour les conjoints d'alcoolique, de faire face à l'agressivité de l'autre. Il aurait pu au moins essayer.

« Le jeu de dame avec la bonne
C'est l'homme [1] »

Prisonnière de son amour pour les animaux, dépressive, submergée par toutes ces bêtes à nourrir, à soigner, par ces chimpanzés exigeants, elle perdait toute coquetterie, tout aspect de femme séduisante, négligeait sa santé. J'essayai sans doute maladroitement de l'inciter à prendre un peu soin d'elle, elle réagissait mal à mes tendres critiques et devint même par moment hostile. D'un naturel jaloux, elle avait perdu toute méfiance tant elle avait besoin d'aide. Elle ne voulait pas voir ce qui se passait autour d'elle, que son mari proche de la cinquantaine ne pourrait éternellement supporter « tout cet attirail de misère ». Coresponsable de cette vie de reclus, Léo se réfugiait dans le silence, mais son besoin d'évasion était palpable. Lui qui ne s'était jamais tourné vers d'autres femmes cherchait

1. « L'Homme ».

maintenant des compensations et proposait sa personne à tout jupon. J'en fus consciente à plusieurs reprises.

Il existait une très grande complicité entre nous, il avait confiance en moi, savait que j'étais capable de garder des secrets. « Annie, c'est un vrai mec », avait-il coutume de dire, un rien misogyne. Pourtant je l'ai trahi une fois. Un soir à Paris, alors que ma mère n'avait pu quitter Perdrigal à cause de Pépée, à la suite d'une représentation à *Bobino* en 1967, il tint à me faire connaître le *Monocle*, rue Edgard-Quinet, boîte de nuit où peu d'hommes étaient acceptés. Il finit la soirée avec une ravissante Noire. J'eus la bêtise de le dire un peu plus tard à ma mère, je voulais l'alerter. En même temps, il trouvait sur place, à Perdrigal, ce qu'il cherchait. C'est étonnant de constater à quel point une femme jalouse peut parfois être aveugle.

Les femmes de ménage se succédaient, bien mordues, bien payées. Ils achetaient leur silence. Certaines avaient menacé de porter plainte. Pour rester, il fallait être fou ou très motivé. Deux très jeunes filles devinrent employées à demeure, des « gens de maison » selon l'expression de Léo. L'une, malgré les sollicitations, très jolie et gentille, resta fidèle à son fiancé de l'époque, sympathique futur commandant de bord qui fut un des rares témoins désintéressés de ces moments. Elle fut chassée par Léo. L'autre resta.

> *Ferré lui aussi a toujours menti. Il écrivait des chansons d'amour pour Madeleine mais il était amoureux d'une guenon et couchait avec la bonne,* écrivait Pascal Sevran tout en confessant son admiration pour le poète [1].

Quand ils venaient à Paris, ils couraient chez *Hédiard* ou chez *Fauchon* faire de gigantesques et coûteuses provisions de fruits exotiques pour Pépée : mangues, litchis, grenades et me chargeaient d'acheter des cadeaux pour les femmes de ménage.

À Perdrigal, Léo, installé dans une fermette annexe du château, se mit à imprimer sur son Heidelberg les confidences

1. Pascal Sevran, *Tous les bonheurs sont provisoires*, Albin Michel, 1995.

de sa femme qu'il lui avait demandé d'enregistrer sur un magnétophone, il en fabriqua chaque page. Il en composa la préface. Il ne pouvait ignorer son état : « La mort vit avec moi de plus en plus », y écrivait-elle, s'imaginant ce qui se passerait si Léo mourait. Elle ne pourrait survivre, elle se jetterait dans le trou pour le rejoindre.

Le livre paraîtra en septembre 1967. Paul Guimard et Benoîte Groult en firent tous deux une critique.

Benoîte, à raison plus circonspecte sur ce mode de vie, résume avec talent la situation de ma mère :

> [Ces] *longs mois d'hiver à la campagne quand « on va sur ses quarante ans », que l'homme qu'on aime vous quitte tous les jours pour son travail, que l'enfant qu'on bordait dans son lit hier encore a maintenant vingt ans et se tourne vers son avenir à lui et que les bêtes bien aimées n'ont que leurs regards pour vous réchauffer*[1].

Paul, peut-être plus indulgent, mais moins clairvoyant, écrira :

> [...] *on débouche sans préavis dans un univers de violence et d'excès, de désordre superbe où les confidences vont de l'antienne au cri sans jamais s'enliser dans la pleurnicherie, la complaisance, sans que jamais surtout le « goût pâteux de soi-même », cette piteuse coquetterie, ne perce sous l'écorce des mots.*
>
> *Il est exceptionnel qu'un livre vous atteigne au cœur, les cibles habituelles étant la tête ou le bas-ventre. Madeleine Ferré est un tireur d'élite.* [...] *La vie de Madeleine et de Léo Ferré, on en connaît l'imagerie d'Épinal* [...] *C'est pittoresque, c'est original, c'est insolite...*
>
> *Non, c'est beau, c'est dramatique, on le découvre en écoutant Madeleine :*
>
> – ... Ces êtres-là ne sont pas des jouets. Je ne me suis pas payé un poney ; je l'ai acheté pour l'aimer, pour le rendre heureux.

1. Benoîte Groult, « Je me parle à moi-même », *Elle*, 7 décembre 1967.

Le maître mot est prononcé. Ce livre est une histoire d'amour [...] *S'aimer à deux est déjà une gageure rarement tenue, mais assumer le rôle de mère innombrable que Madeleine revendique, c'est trop, c'est impossible.*

Et pourtant elle s'obstine, elle s'acharne, elle maintient une construction idéale, menacée de toutes parts, à la merci de tout. Et par miracle l'édifice résiste et certains soirs privilégiés Madeleine peut soupirer :

– Dormez bien, mes protégés, ceux que j'ai payés, ceux qui sont à moi, ceux qui n'iront jamais à l'abattoir – grains de sable dans ce désert d'inhumanité – petits souffles qui essaient de me réchauffer pour me forcer à vivre... car il me semble qu'on ne devrait pas survivre à cette horreur et à cette injustice. On ne devrait pas survivre à ces crimes permanents et permis. [...] Et puis la claire conscience de ce que la situation est sans issue, irrémédiable, bouclée, coincée...

– Plus moyen de m'échapper, je suis chimpanzifiée à bloc [...] Je n'arrive plus à me plaindre : martyre qui s'est martyrisé lui-même ! Qui pourrait m'écouter ? [...] Les « tu es une sainte » de Léo tombent sans écho heureux...

[...] *L'une des magies de ce livre tient au style, au ton, à la cadence de ce monologue improvisé qui respire et se déploie sans artifice ; les phrases sont belles par hasard, par une sorte d'instinct du génie de la prose.*

[...] *Au vrai rien n'est jamais tout à fait sombre dans cette confession d'une femme hors du siècle parce que le découragement ou l'amertume ne parviennent pas à entamer l'amour*[1].

Sur le programme du *Bobino* 1967, on voit Léo et ma mère s'embrassant en souriant, et on y découvre « l'orphelinat de Léo Ferré » avec la photo de trois chimpanzés. Plus leur situation se détériorait, plus il voulait mettre en avant leur vie « exceptionnelle ».

1. Paul Guimard.

En réalité, ils n'en pouvaient plus. La situation à Perdrigal empirait de jour en jour.

Dans un texte où il raconte sa vie les premiers jours de 1968, Léo se livre :

> *Nous sommes bien seuls dans notre misère de tendresse* [...] *Qu'est-ce que j'en ai marre, mais marre, marre* [...] *J'ai cinquante et un an* [...] *le Lot quelle merde*[1].

Ailleurs il écrira être fait comme un rat dans un Boeing qui ne doit plus jamais redescendre.

Lui redescendra.

Cet isolement, ce huis clos dans un château en pleine forêt, avec tous ces animaux à nourrir, à soigner, ces profiteurs qui rôdaient, la célébrité, l'argent, l'alcool, l'âge : le décor était planté.

Était venu le temps des reniements. Bêtes et gens nous fûmes abandonnés, sacrifiés à leur passion pour une petite chimpanzé qui, ils voulaient encore le croire, devait un jour tout révolutionner.

Eux seuls savaient, eux seuls, contre «tous ces cons», contre leurs proches, puis l'un contre l'autre.

On sentait la catastrophe : il se préparait quelque chose d'inexorable, de sinistre.

Le naufrage était proche, mais il allait quitter le navire.

1. *La Rue*, n° 1, mai 1968.

Ce qu'il faut de malheur pour la moindre chanson [1]

Pépée tomba d'un arbre alors qu'elle était seule avec Léo dans la forêt, elle se blessa gravement. M. Salesse, vétérinaire à Gourdon, avait en vain essayé de la soigner. Il décrivit comment il avait tenté de nettoyer la plaie à vif, alors que les bandages étaient déchirés et mangés par une Pépée bien malade à qui il était impossible de faire suivre un traitement.

Personne n'était responsable, mais il s'agissait maintenant de pouvoir gérer cette difficulté nouvelle qui empira leurs relations.

À la suite d'une violente dispute, toujours au sujet de Pépée, Léo partit seul à Elbeuf pour un gala. Prévenue de cet affrontement plus brutal que de coutume, très inquiète, je rejoignis mon beau-père. Avant d'entrer en scène, il me confia que la vie était impossible avec tous ces animaux, qu'il n'en pouvait plus, qu'il ne trouvait pas de solution, que Pépée s'était blessée et que ma mère était devenue invivable.

Tous les deux avaient l'habitude d'aller très loin dans les invectives, leurs « coups de gueule » étaient à la hauteur de leurs retrouvailles passionnées.

Il lui téléphona devant moi. Elle l'agressa. Il hésitait à revenir à Perdrigal. Nous restâmes très tard à discuter. Je tentai de le

1. Louis Aragon, « Il n'y a pas d'amour heureux » in *La Diane française*, Seghers, 1946.

réconforter. Je ne sus pas trouver les mots pour le convaincre de rentrer, n'étant pas tellement sûre moi-même qu'elle l'accueillerait les bras ouverts.

Catherine Sauvage était programmée à *Bobino*, Léo lui avait promis un texte de présentation. Il semblait avoir oublié. Ma mère fit parvenir à Felix Vitry, directeur du théâtre, un texte-hommage à Catherine qu'elle signa de leurs deux noms.

Si peut-être il y a un plus tard on t'appellera « La Grande Catherine » pas la Russe... celle d'un « Paris-canaille » mort et d'une « Jolie môme » fanée, souviens-toi, tu allais chez ce qu'on dit « les éditeurs de musique », en toute modestie disant : « Montrez-moi donc les chansons dont personne ne veut. »

Ce soir, ma grande, je ne sais où tu as trouvé ta provende, un peu chez moi comme d'habitude, on t'a tellement appelée La voix Ferré... mais ce n'est pas vrai tes routes sont multiples larges, ironiques mais toujours grandes.

Ce soir à minuit, quand tu quitteras ta robe – chanson de cendrillon nous savons que tu resteras vraie, douce, tendre, intelligente et lucide. Et quand ta triste voix d'archange s'éteindra, crois-moi, au cœur d'eux tous, ton public, il restera un peu de ta douceur, un peu de ta tendresse, beaucoup de bravos chérie – que nous te souhaitons dans cette canaille vie d'artiste.

De toute façon il te restera notre admiration.

Madeleine et Léo Ferré[1]

Ne le voyant pas revenir, elle commença à prendre conscience de la gravité de la situation. Elle attendit. Léo ne rentra pas. Il semblait avoir pris sa décision.

Par lettre du 29 mars 1968, il lui fait un compte rendu de la soirée à Elbeuf en lui racontant comment, m'ayant quitté à 3 heures du matin, il a roulé pour ne plus s'arrêter. Il lui explique qu'il ne veut se fixer nulle part et lui donne ce qui ressemble à une feuille de route : mettre le studio à mon nom,

1. Texte du programme de Catherine Sauvage (du 17 au 30 avril 1968 à *Bobino*).

fourguer les parts en blanc, « larguer les petits et tout le reste », lui parle de son « impuissance » devant la situation, de sa volonté de vivre seul. Il reconnaît avoir le « mauvais rôle » et avoue commettre « une saloperie » en abandonnant Pépée, mais il fallait, conclut-il, « que l'un des deux fasse ce pas ».

Cette lettre est assez explicite. Léo a fui Perdrigal, toute cette vie utopique qu'il avait voulue, revendiquée violemment. Il a fui en abandonnant une femme qui essayait follement de tenir face à leur rêve inaccessible, celle pour laquelle il s'inquiétait « pour un rhume pour un rien », il a fui en abandonnant « sa fille » : cette chimpanzé, Pépée, qu'il savait grièvement blessée, abandonnant ces animaux qu'il aimait. Décidé à « vivre seul », il lui laisse « tout » (on l'aidera assez vite à revenir sur ce point), la quittant ensevelie au milieu de toute leur impossible ménagerie.

Quelques jours plus tard, le 1er avril, elle reçut un autre courrier où il la remercie encore une fois d'avoir tant fait pour lui en ajoutant :

> *Au téléphone, tu n'avais qu'à dire « rentre » simplement, et je rentrais*[1].

Ma mère sombrait.

Catherine Sauvage me conseilla de ne pas la laisser seule, et de « descendre » au plus tôt à Perdrigal, car un malheur était proche.

Je demandai à mon ami de l'époque de m'y accompagner, étant moi-même tellement bouleversée que j'étais incapable de conduire. En arrivant, le spectacle était effrayant, ma mère en larmes, squelettique, le pied en sang, mordue par Zaza, déambulait, cherchant Léo qu'elle pensait (à juste titre ?) pas très loin.

Du 22 mars au 7 avril, elle avait espéré. Elle voulait tenir, attendant un signe, une aide de Léo. Pépée allait de plus en plus mal, un début de gangrène s'était installé. Catherine lui

1. Lettre de Léo Ferré à Madeleine Ferré du 1er avril 1968.

avait alors conseillé de faire venir un homme habitué à soigner les animaux sauvages. Elle demanda secours au Dr Klein, compétent et sympathique vétérinaire vedette (qui avait traversé les mers pour aller soigner les chiens d'Elisabeth Taylor!). Il ne put se déplacer en urgence et envoya deux de ses assistants avec des fusils hypodermiques afin d'endormir Pépée pour essayer de la soigner. Ils se firent mordre et déclarèrent son état désespéré. Il n'y avait pas de solution.

J'ai entendu le coup de feu réclamé à un chasseur, ma mère s'écroula en même temps. Je partis avec elle en ambulance. Les syncopes s'étaient succédé, son état nécessitait une hospitalisation immédiate. Un médecin du coin écrivit un petit livre ampoulé, romancé. Il y parle de gorille... Ce n'était que le début des commérages.

La vieille Zaza, trop dangereuse pour être recasée quelque part fut abattue ainsi que le gros Baba qui n'a pas fini en jambon comme mes parents le redoutaient s'il leur arrivait quelque chose. Ma mère m'avait chargée de m'occuper des «trois petits». «Pas dans un cirque, pas chez Jean Richard», m'avait-elle murmuré entre deux évanouissements.

Elle ne se remettra jamais de la mort de sa Pépée (trop) adorée, ni des calomnies de certains journalistes charognards qui en ont fait leur miel, non leur boue, en reprenant la version de Léo le fuyard, en employant les expressions les plus dures et les plus accusatrices : ils parlèrent de vengeance, de «massacre», d'«assassinat» de *tous* les animaux.

La vérité n'est pas artistique. Cette vérité qui marche à petits pas, paraît-il, n'arrive quelquefois jamais. Jusqu'à ce jour, j'avais gardé le silence.

Ma mère n'était pas Médée. Elle a été jusqu'au bout de ce qu'il était possible de vivre, seule, abandonnée dans ce lieu cauchemardesque.

Vous m'avez accusée d'avoir supprimé mes amours, Monsieur Ferré. Sous votre seule garde, Pépée est tombée d'une haute branche et s'est empalée, je n'étais pas là, elle s'est blessée à mort, près de l'artère fémorale. J'ai rougi de vos déclarations publiques. Elle a attrapé la gangrène, elle était inguérissable. Pépée, si blessée, piégée par un petit plat de raviolis gardénalisés a reçu la mort qu'il fallait lui donner.

Léo était ailleurs... conscient d'avoir commis « une saloperie », mais libéré.

Quand j'entends « Pépée », je ferme le poste.

Mon ami Jean-Charles dans la vieille camionnette à barreaux se dirigea vers Paris, vers Pigalle, avec Bambino, Tata et Titine. Je devais le rejoindre chez le Dr Klein. L'ambulance déposa ma mère dans une clinique, puis je me précipitai pour rejoindre notre véhicule stationné boulevard des Batignolles, près du cabinet du vétérinaire. Il opérait un lion et ne pouvait nous recevoir immédiatement. Les trois « petits » étaient en pleine forme, joyeux, extrêmement remuants. Enfermés pendant ce long voyage, ils voulaient manger, s'amuser, sortir. Mon ami leur distribuait des bananes à travers les barreaux. Un vrai cirque. Il y eut vite un attroupement. Hirsutes, sales, le temps nous parut long.

Ma mère, qui s'était souvenue de l'algarade des *Marquises*, m'avait fait jurer de ne rien demander jamais à Jean Richard. Mais le Dr Klein sut me convaincre qu'il n'y avait momentanément pas d'autre solution. Il lui téléphona afin qu'il puisse recueillir notre ménagerie. Nous partîmes en fin de soirée. Arrivés de nuit à la hauteur du bois qui bordait la propriété de l'acteur, nous tombâmes en panne. Les chimpanzés devenaient de plus en plus turbulents. Nous ne pouvions abandonner notre véhicule et étions bien embarrassés avec un tel chargement.

Apercevant une petite lueur dans le bois, je décidai de m'y diriger afin d'appeler au secours. Cette lumière provenait de la maison du gardien. Je demandai à téléphoner, expliquant que Jean Richard m'attendait. Bien que prévenu, celui-ci refusa immédiatement ma demande d'aide. Je me rappelle avoir hurlé, menacé de lâcher dans sa propriété les trois chimpanzés déchaînés. « Je vous envoie des hommes », finit-il par accepter.

Les hommes en question se firent mordre puis finirent par réussir à emmener les trois « petits ». Je les laissai pour aller vers le propriétaire des lieux.

Jean Richard recevait.

À l'entrée du salon, une biche empaillée, debout, tendait un cendrier. J'aperçus des robes longues, j'entendis de la musique. Visiblement, je tombai mal. Il arriva, l'air plutôt ennuyé, m'emmena dans son bureau, se méprit, crut que Léo était mon père et ma mère ma belle-mère. Il m'en dit des choses fort désagréables et refusa tout net : « Je ne prends pas les chimpanzés de Madeleine Ferré. » Je le suppliai, ce n'était qu'une aide provisoire, pour quelques jours puisque déjà j'avais réussi à placer à *Holyday on Ice* l'un des petits et que j'allais faire tout mon possible pour le libérer au plus vite. Il accepta avec réticence : « Je vous les garde trois jours, grand maximum, j'ai trop de chimpanzés, trop d'histoires, je n'en veux plus. »

Nous trouvâmes un petit hôtel où, pour la première fois de ma vie, je fis une crise de nerfs, me mis à trembler d'une manière incontrôlée, d'abord les bras, puis tout le corps. Mon ami appela un médecin – très méfiant devant un homme sale et barbu, une jeune fille échevelée quelque peu hystérique, il pensa se trouver face à des drogués en manque, parla de prévenir les gendarmes, puis sembla comprendre. Une intraveineuse me calma jusqu'au petit matin.

Le lendemain matin, le 8 avril, Léo était sur place à Perdrigal, apparemment bien renseigné. Je ne mets pas en cause son désespoir devant le triste spectacle qu'il trouva, mais l'une de ses réactions fut de demander au Dr Mazel, vétérinaire à Gourdon, d'établir un certificat de décès qu'il fera figurer dans le *Testament phonographe* comme une preuve pour se justifier plus tard... De quoi ? Pour s'exonérer de ses responsabilités ? Pour qui ? Pour son public ?

Léo restait celui qui avait fui lorsque nous habitions boulevard Pershing et que notre chienne Canaille avait renversé un cycliste, celui qui avait répondu aux agents de police : « Elle n'est pas à moi. » Ce fut ma mère qui alla la récupérer au poste.

Il appela les gendarmes (je me rappelle combien il reprochait à Rimbaud d'avoir été « chercher les flics » quand Verlaine lui avait tiré dessus !), un huissier, menaça de porter plainte pour vol contre la meilleure amie de ma mère qui était là pour fermer les lieux. Le couple Ferré fréquentait beaucoup cette femme et son mari. Fidèles et sincères amis, ils passaient des vacances avec nous à Du Guesclin et affrontaient régulièrement Pépée en venant souvent dîner à Perdrigal. Ils n'habitaient pas loin. Léo les appréciait et se régalait aux repas de Simone, cuisinière de grand talent. Elle était présente la veille, le 7 avril. L'attitude de Léo face à cette amie est révélatrice. Elle devenait gênante. Elle connaissait la situation et pouvait peut-être lui apporter un jour la contradiction. Il s'excusera par la suite de lui avoir envoyé les gendarmes chez elle, mais il ne lui pardonnera jamais d'avoir été un témoin privilégié de ces derniers jours-là, de pouvoir raconter. Il parlera d'elle comme de la « salope de Cahors ».

Une de plus... Il traitera de la même façon Jeanne Gonnon qui vint un soir dans sa loge lui parler de ma mère, et Henriette Boiron, autre grande amie du couple. Trois femmes courageuses que la notoriété de Léo n'impressionnait pas.

Il ne voulait plus voir les gens qui avaient la « gueule » de ses souvenirs.

J'appris que ma mère s'était enfuie de la clinique, je la recueillis rue Dauphine, morte vivante que je surveillais de près. Une nuit entière, je l'ai cherchée à la morgue et dans les hôpitaux, je l'ai retrouvée hagarde au petit matin, après avoir déambulé dans les rues, gorgée de désespoir et d'envie d'en finir. Des nuits blanches à pleurer, à essayer de lui donner envie de continuer à vivre. Elle avait perdu Léo, Pépée, mais moi j'étais là. Je me sentais impuissante.

Un médecin lui prescrivit des électrochocs qui n'arrangèrent rien. À demi-inconsciente, elle mit le feu avec ses cigarettes au petit deux-pièces. Nous réussîmes à l'éteindre avant l'arrivée des pompiers. Des journaux parlaient déjà de leur séparation. Son adresse fut divulguée, un premier homme se présenta, il avait appris, était prêt à aider cette femme en détresse, elle avait besoin de Léo, mais elle s'agrippa à cet inconnu qui lui vola son carnet de chèques puis disparut.

Alors, c'est moi qui tombai malade, fus hospitalisée pour une maladie jugée psychosomatique. Puis, il y eut ce qu'elle appela l'« après-vie » avec des aventures très fugaces, de beaux jeunes hommes amoureux sans doute, mais désarmés devant son désespoir et « surtout il y a eu Annie, ma fille, qui ayant subi notre infortune commune, la tête haute, avec une apparente indifférence voulue, évitant mes plaintes, mes rancœurs et la remembrance de nos souvenirs, a su très doucement, et sans que je sache comment elle s'y est prise, me faire renaître ».

Ce fut très difficile.

Léo commençait à faire des déclarations ignobles dans les journaux. Ma mère désespérée écrivait :

> *C'est chouette d'être un « anar », tout vous est permis : la déloyauté, l'abandon, la calomnie, le reniement de tout ce qui fut beau et propre. Je savais que tu allais me faire faire tôt ou tard le sale boulot. Je prends tout sur moi. Je t'aime, mon Léo, comme avant. Tu m'as obligée à faire ce qu'il fallait faire sans doute, cette immense blessure je peux la taire. Pépée vit au fond de ce qu'il me reste de cœur.*

Au décès de mon grand-père, Léo m'envoya un télégramme adressé à Annie Ferré. Il m'y exprimait son regret de n'avoir peut-être pas toujours réussi par ses maladresses à être un vrai père pour moi, me demandant d'accepter en ce jour malheureux un peu de « cette tendresse perdue mais tellement vivace dans le souvenir de Pershing ». En même temps, il se précipita chez un notaire pour antidater certains papiers, des parts en blanc. Décidément, il ne perdait pas le nord.

« Décemment mes mémoires, je ne pourrais les faire paraître, si je les écris, qu'après ta mort car tu ne t'en relèverais pas vivant », notait sa femme.

Il se répandit dans les journaux. Il avait l'audience.

Il reconnaissait : « Madeleine a beaucoup fait pour ma

carrière. Elle est très intelligente, très sensible. Je ne veux en dire que du bien [...] Je me sens libéré, malheureux. Il faut abolir [le mariage] au plus vite, la fidélité [...] c'est un sale mot[1].»

«Je vis à l'hôtel, au hasard des tournées, entouré d'êtres jeunes. Mai 1968 est plus important que 89[2].»

Certains savaient.

> *D'abord cette séparation shakespearienne d'avec Madeleine, sa deuxième femme. Elle picole, dira-t-il pour sa défense.* [...] [Léo] *part avec la bonne* [...] *il fait la route en buvant, fumant diverses substances et draguant les lolitas à tire larigot*[3].

Une jeune femme, une groupie d'une beauté sensuelle lui inspira «C'est extra», elle deviendra pour nombre de ses biographes «une cousine»... La chanson de Bécaud et ses tantes Jeanne me fait un peu sourire.

Il me téléphonait parfois, assez agressif, sur la défensive.

Ma mère ne comprenait pas son attitude hostile envers moi. Elle lui avait pourtant répété ce que je lui avais confié : les «si tu voulais», le *Monocle*. Elle ne savait pas se taire, il m'en tint rancune. Il m'envoya un chèque avec la promesse de m'aider à finir mes études, «le sens du devoir», m'écrit-il en me remerciant avec ironie d'avoir raconté à ma mère notre soirée au *Monocle*. Il me demandait de ne pas lui écrire. J'ai gardé le silence, je n'ai jamais eu d'autres chèques. Je ne lui ai jamais rien demandé. Il signait «Léo», ce n'était plus «Pouta».

Le 9 avril 1969, ma mère et moi durent dire adieu à notre cher Pershing qui menaçait de s'effondrer. Prévenu, ému par la disparition du symbole de tant de jours heureux, d'un passé qu'il ne mettait pas encore à la poubelle, il promit avec tendresse de s'occuper d'elle, de ne pas la laisser dans le besoin

1. Jean-Claude Mazeran, *Noir et Blanc*, n° 1243, du 23 au 29 janvier 1968.
2. Colette Chaduteau, *France Soir*, janvier 1969.
3. Veziane de Vezins, *Le Figaro*, 22 août 2011.

et signait «Ton petit Léo», en même temps qu'il lui assurait m'avoir vue et embrassée «sans arrière-pensée».

Une autre lettre suivit. Toujours malheureux, il lui parle de sa solitude et de sa tendresse.

En janvier de cette même année, il avait déclaré à Jean-Claude Mazeran : «Je me sens seul, je n'ai plus que la chanson. Jamais je n'ai autant aimé monter sur scène. Au moins, pendant deux heures, chaque soir, j'oublie tout[1].»

J'aurais aimé les réconcilier. Ce premier semestre 1969 il était peut-être encore temps.

Il me donna un jour rendez-vous à l'hôtel *Hilton* d'Orly où il me couvrit de cuir à la boutique de l'aéroport. Je lui répétai : «Fais un cadeau à maman plutôt.» Il lui acheta une ceinture. Quasi muette, j'étais très mal à l'aise, il ne cessait de me répéter, en me serrant dans ses bras : «Tu es belle.»

Je me souviens avec émotion, à Nancy, avant un concert. J'avais été le voir avec mon fils au *Sofitel.* Il avait embrassé mon petit garçon en lui faisant des compliments démesurés. Il m'avait prise dans ses bras en pleurant. Émue par les taches de vieillesse sur ses mains, sur ses doigts jaunis par les Celtique et sur son visage tourmenté, j'étais d'une tristesse infinie. Quand je l'ai quitté, moi aussi j'ai pleuré et ne suis pas allée le soir à la salle *Poirel.* Je passais un des examens de licence de droit le lendemain matin, je n'ai pas voulu me faire plus de mal. Peut-être a-t-il pris cela pour de l'indifférence.

Au fur et à mesure des années, sur les enveloppes, d'Annie Ferré en 1968 je passai à Bizy-Ferré en 1969, puis à Bizy en 1972 quand il m'écrivait de la résidence du Vieux-Port, à Marseille pour m'expliquer qu'il allait me porter sur ses déclarations d'impôts et qu'il me réclamait un certificat de scolarité concernant ses problèmes de redressement fiscal. J'aurais aimé autre chose. Le «Ma chère Annie» et sa signature violette «Léo» ne me réchauffaient pas le cœur. «Je me demande ce que tu veux dire par "aide maman"», me questionna-t-il. Il

1. Jean-Claude Mazeran, 12 janvier 1969.

voulait que je lui écrive mais pas en Italie, en cachette, chez un « ami ». Quand nous nous téléphonions, il semblait avoir peur. Sur papier, toujours mauve, il affirmait vouloir me voir, mais rien d'expansif.

Les « Ma chère Annie » et les « Bien à toi » se succédaient maintenant. C'était insuffisant, mais comment aurais-je pu lui en demander plus ? Avec ce lourd bagage équivoque et mon chagrin de petite fille, je me suis éloignée volontairement de celui que j'ai longtemps considéré comme mon père, mais qui, lorsqu'il m'embrassait, laissait glisser sa bouche près de la mienne ; j'esquivais.

Dévoilant ses obsessions, il déclarait à Danièle Heymann :

> *Je n'ai plus de femme, plus de maison, je vis la nuit sur les routes. [...] Je ne sais pas pourquoi les gens se cachent pour faire l'amour, un soir sur la route je voudrais voir, dans la lumière de mes phares, un garçon et une fille, tous deux très jeunes, très beaux, accouplés. Je descendrais, je dirais au garçon : voilà ce qu'il faut que tu fasses pour ne rien abîmer, pour bien réussir l'œuvre d'art que tu es en train de créer. Et puis je leur enverrais un baiser. L'anarchie c'est ça*[1].

Il habitait alors l'île Saint-Louis et profitait pleinement de sa liberté sexuelle qu'il étalait dans les journaux avec un total manque de pudeur. Dans une interview pour *Noir et Blanc*, à la question « L'âge a-t-il beaucoup d'importance pour vous ? », il répondait : « Pour moi une femme ne peut être que jeune. [Les moins jeunes] me font un peu pitié. » Il confesse aimer les mineures en ajoutant : « J'ai un côté musulman [...] je me vois très bien avec trois femmes dans le même lit[2]. »

> *Au-dessus de trente ans, allez... allez-vous faire foutre*[3] *!*

1. *L'Express*, du 13 au 19 janvier 1969.
2. Jean-Claude Mazeran, *op. cit.*
3. « Et... basta ! »

En 1969, il compose « Petite » pour une très jeune fille qu'il incitait à venir le voir :

Quand sous ta rob' il n'y'aura plus
Le Code Pénal

... mais ce jour-là, cela ne l'intéresserait plus.

C'est une très belle chanson.

« Je bande », déclarait-il aux journalistes en réclamant encore plusieurs femmes dans son lit. « Une demie lui suffirait amplement », se moquait ma mère qui n'avait pas totalement perdu son sens de l'humour.

Elle n'était pas en reste devant le déballage public de Léo. Désespérément, elle envoyait à son beau-père à Monaco des lettres d'une indécence inouïe sur son fils. Elle y traitait Léo de « ragoteur devant l'éternel, de bavard impénitent, d'anar bambochard » et évoquait son goût pour les petites filles en faisant état d'autres détails très crus sur la vie intime de Léo, ce qui ne pouvait qu'horrifier le bourgeois et pieux Joseph Ferré.

Les dommages collatéraux étaient énormes. « Que ta mère arrête ses lettres de malheur », m'écrivait Léo. C'est alors qu'il se mit à prendre avec moi un ton hautain, inhabituel : « Quand tu m'écris, mets une formule de politesse à la fin [1]. »

Vers la fin de l'année 1969, Léo chanta au *Don Camillo*, cabaret de la rue des Saints-Pères à Paris. Le sachant très entouré, j'avais en vain tenté de dissuader ma mère de s'y rendre. Depuis de longs mois elle essayait de pouvoir lui parler, mais il se cachait. Il était entretenu dans une véritable terreur qui n'était pas seulement due aux débordements de son public d'après 1968.

Il hurla sur scène « *Je suis un chien* », demandant qu'on laisse

1. Lettre de Léo Ferré à Annie Bizy du 3 mai 1969.

venir à lui «*certaines chiennes*[1]». Il affirmait s'être «décollierisé». L'expression est intéressante, inventive, le néologisme amusant, mais recouvre tellement de mensonges. Ce fut plus qu'elle ne put en supporter, elle monta sur scène et le gifla. Son futur divorce s'annonçait mal.

Il avait oublié qu'il ne lui était pas insupportable d'être un «chien», à une certaine époque lorsqu'il se réjouissait d'avoir «*un p'tit licou* [...] *comme un toutou*[2]» d'être :

[...] *ton chien... qu'avait du style*[3]...

«Non, tu n'étais pas mon chien, comme tu l'as aboyé après nous. Peut-être mon prisonnier adoré qu'il fallait délivrer», écrira ma mère.

Il déclarait maintenant, début 1970 : «Les filles que je baise je les paie[4].»

En 1972, comme un petit enfant, il essayait de se justifier devant moi, en se plaignant :

L'histoire malheureuse qui nous sépare est toujours malheureuse, hélas. Je sais que tu es impuissante à arranger quoi que ce soit[5].

Pendant qu'il trouvait son bonheur dans la Musique, je tentais d'aider maman à continuer à vivre.

Je refusais de le voir, il écrivait le regretter et s'en plaignait.

Aucune de nous deux n'avait été épargnée. J'avais partie liée avec ma mère. Il ne pouvait que me rejeter. J'avais été témoin de cet abandon peu glorieux. «Tu m'as aidé, merci, j'ai élevé ta fille, nous sommes quittes», avait-il résumé dans une lettre[6].

1. «Le Chien».
2. «L'Amour».
3. «C'est un air».
4. Michel Lancelot, dans l'émission *Campus* sur Europe 1, puis repris dans *Campus*, Albin Michel, 1971.
5. Lettre de Léo Ferré à Annie Bizy du 22 décembre 1972.
6. Lettre de Léo Ferré à Madeleine Rabereau du 29 octobre 1973.

J'ai apprécié les comptes de Léo.

Ma mère aurait vécu un rapprochement avec lui comme une trahison de ma part, après une telle déclaration je n'en avais pas très envie. On m'a rapporté, bien plus tard, que lorsque mon prénom était prononcé devant lui, il pleurait, « il t'aimait tellement ». Ce doit être vrai.

Je ne voulais plus entendre parler de Léo. Je me fermais, je suis devenue en 1973 aveugle et sourde à tout ce qui concernait celui que j'avais beaucoup aimé. Je trouvais ses déclarations outrancières, ses mensonges pitoyables et son acharnement contre ma mère indigne.

Est-ce ainsi que les hommes vivent[1] *?*

Léo voulut divorcer, sans mettre « son nez et ses pattes dans cette jolie mémoire des choses [...] du 6 janvier 1950[2] » lorsqu'il n'y avait rien à partager.

Pourtant, il les a bien mis « son nez et ses pattes », car la situation avait changé, et sa nouvelle vie devenait très exigeante. Il avait décidé qu'il n'accepterait pas d'avoir à partager les droits d'auteur. Ses avocats se déchaînaient contre ma mère.

Il était loin le temps où il déclarait :

Je fais ma vie comme on fait l'amour : toujours au bord du sacrifice sans jamais y sombrer, libre, merveilleusement libre, et tâchant de garantir le bonheur aux gens, aux bêtes et aux choses qui vivent avec moi. Mon intendance est dans les bras de Madeleine, ma femme, mon ange, ma lumière. [...] *J'ai la foi.* [...] *Je crois en Madeleine*[3].

Maintenant, il hurlait :

Je hais certains types de femmes, en tout cas les femmes cultivées, de toute façon il n'en rentre plus une chez moi. Pas

1. Louis Aragon, *Le Roman inachevé, op. cit.*
2. Lettre de Léo Ferré à Madeleine Rabereau du 29 octobre 1973.
3. Présentation du disque *Léo Ferré, op. cit.*

de femme cultivée. [...] L'intelligence des femmes c'est dans les ovaires, ça a tout pris[1].

Avec cette «femme cultivée» qu'il laissait sans un sou malgré ses promesses, le ton se durcissait, «la communauté, je n'ai garde d'en parler. C'est un mot bourgeois que je dégueule, tu le sais[2]».

Minée, épuisée, acceptant bien malgré elle le principe d'un divorce :

Quand je parle de partage de la communauté, ne te hérisse pas, je n'ai jamais pris avec toi la part du lion et ne crains rien, tu ne te sentiras pas lésé dans tes intérêts, chez tout anarchiste, on découvre le petit-bourgeois qui s'ignore. Il faut tout de même te dire que je n'ai plus vingt ans mais quarante-trois et que j'ai passé dix-huit ans à ne vivre que pour toi et nos protégés.

C'est à cette époque que le sens de l'expression être «du côté du manche» a pris toute sa saveur avec son cortège de trahisons, de témoignages complaisants habituels dans les divorces. La célébrité empirait les choses. J'apprenais la vie à grande vitesse, le mépris dans le cœur.

Ma mère avait, à la fin d'une soirée du début de 1968, interrompu Léo par un peu amène «quand tu auras fini tes conneries, on pourra rentrer». Cela avait jeté un froid. La plupart des personnes présentes, qui, il y a peu, louaient «la femme admirable qui aidait tant Léo», sont vite venues sur demande de la vedette témoigner du caractère invivable de cette même femme.

L'une des rares fois où ma mère croisa Léo lors de la procédure de divorce, il lui embrassa les mains, la serra sur son cœur en pleurant, lui faisant des promesses qu'en rentrant en Italie, il s'occuperait d'elle. «*Et si je doute des larmes / C'est que je t'ai vu pleurer*[3]», me récitait maman au pied de mon lit vers dix ans...

1. Pierre Wiehn, *À bout portant*, *op. cit.*
2. Lettre de Léo Ferré à Madeleine Rabereau du 29 mars 1969.
3. Alfred de Musset, «La Nuit d'Octobre», 1837.

Les juges, contrairement à une certaine presse, n'ont pas cru les accusations de Léo selon lesquelles elle aurait agi par vengeance. Ils l'ont contrarié en refusant le divorce.

Il cracha un peu plus fort sur ces juges qui osaient ne pas se conformer à ses demandes. Il fit appel. Ma mère, épuisée, ne s'y opposa plus. Il obtint un divorce à torts partagés. L'épisode du *Don Camillo* lui avait beaucoup nui. Sans prestation compensatoire, elle eut droit à une « avance sur la communauté » sur leurs biens, avance qu'elle aurait à rembourser quand cette « communauté » serait liquidée. Elle a vécu avec moins de mille euros mensuels, pendant vingt ans, jusqu'à sa mort.

Je me souviens, elle lui disait : « Les laisses de mes chiens sont mes plus beaux bijoux » quand il voulait généreusement lui en acheter.

Alors de quoi se plaignait-elle ?

Léo se remaria. « C'est parce que j'ai eu des enfants que je me suis marié[1]... » Il avait vécu « avec une intellectuelle » à qui il reprochait maintenant d'être « entré dans sa tête par effraction. »

Il envoyait à ma mère le vers qu'Apollinaire avait écrit pour celle qu'il ne pouvait oublier : « Je ne vous ai jamais connu[2]. » Les références littéraires soit, mais les insultes privées ou publiques n'avaient plus de limites. Il écrivit à celle qu'il « *aimera jusqu'à la fin du monde*[3] » des lettres de plus en plus ordurières, niant son existence, la traitant de bourgeoise qu'il avait dû traîner pendant tant d'années, lui reprochant d'avoir été « une erreur dans sa vie ».

Il se sera trompé pendant dix-huit ans...

Rarement on aura rencontré autant d'acharnement méticuleux et expiatoire pour brûler l'objet-sujet adoré, remarque Robert Belleret à juste titre.

1. *Léo Ferré, une vie d'artiste*, *op. cit.*
2. « La Chanson du Mal-Aimé », *op. cit.*
3. « Notre Amour ».

Le monstre sacré de la chanson pouvait être un monstre tout court.

À compter de 1973, ma mère n'eut plus aucun répit.

Souvent le plus gros bagage de l'homme qui quitte c'est une lettre qu'il envoie, ça pèse pas des malles une lettre. Depuis je les ouvre toutes avec la précaution d'un dépisteur de mines qui a déjà sauté une fois, notait ma mère dans son manuscrit.

Engloutie sous des torrents d'injures, elle essayait d'oublier que l'homme avec qui elle avait vécu ne valait pas l'œuvre qu'elle n'avait cessé d'admirer.

«J'ai épuisé mon stock de larmes», me confiait-elle en lisant *Suicide mode d'emploi*[1]. Elle a essayé de survivre au milieu de ce déchaînement de haine. Elle n'allait pas bien.

Ça fait très mal de tomber du cocotier secouée par la main impitoyable de son unique amour, on met des années à ne plus vouloir se relever, et puis on se relève, boiteuse, cassée, sans cœur, des dents en moins, des cheveux blancs en plus.

«*Des armes et des mots c'est pareil*», hurlait-il sur scène[2].

Savait-il qu'il tuait ma mère?

Seule consolation, les juges lui avaient accordé la jouissance provisoire de l'île Du Guesclin qu'elle habitait dès qu'elle le pouvait. Elle survivait, installée en province avec ce «petit mec», celui-là même décrit par Léo. Elle écrivit un livre de souvenirs qu'elle me confia, qui fit peur aux éditeurs auxquels il fut proposé.

1. Claude Guillon et Yves Le Bonniec, *Suicide mode d'emploi*, Alain Moreau, Paris, 1982.
2. «Le Chien».

Lorsque je quittais Du Guesclin me reste l'image de sa frêle silhouette accoudée sur la barbacane face à la mer. Elle agitait doucement la main en signe d'au revoir, puis disparaissait brusquement en retournant en larmes à sa solitude et à son désespoir, seule sur son île adorée.

Alors, mon p'tit voyou
La vie, qu'est-ce qu'on s'en fout[1]...

Ma mère décida, début 1992, elle n'avait que soixante-sept ans, d'essayer de se reprendre en main, d'échapper à ce qu'elle me décrivait être son enfer quotidien avec un concubin violent qui la volait. Affaiblie, mais encore volontaire, elle le quitta, se réfugia chez un ami. Atteinte d'un cancer à la gorge, elle continuait à boire et à fumer. Sa maladie progressait silencieusement. Elle n'eut plus envie de vivre : « Ma chérie, ne pleure pas, nous avons été tellement heureux », essayait-elle de me consoler quand je tentais de lui donner du courage pour affronter son désespoir et son cancer.

Le concubin la rattrapa, l'isola, la vola de nouveau en la dépouillant de ces « meubles de communauté » qui avaient une âme, encore un peu celle de Léo, celle des jours heureux.

Il lui fit croire que JE l'avais volée. Le livre d'Anne Gosciny évoque un peu ma propre histoire[2]. Prise au piège de l'alcool, d'une extrême faiblesse physique et psychique, elle épousa cet homme de vingt ans son cadet, signa un testament le désignant légataire universel et lui fit une donation au dernier vivant. Elle mourut deux mois à peine après un mariage dont les seuls témoins furent deux infirmières. Je n'eus pas connaissance de son mariage et n'appris son décès que quinze jours plus tard. Ses cendres furent jetées je ne sais où.

1. « Mon p'tit voyou ».
2. *Le Voleur de mère*, Grasset, 2004.

Elle est morte le 24 mai 1993. Ses derniers mots, m'a-t-on rapporté, furent pour Léo. Il ne sut pas sa mort. On la lui avait cachée, car : « Cela lui aurait fait un trop gros choc », me confia un intime.

« Si cet homme, même très âgé, même avec des béquilles, même sur une chaise roulante, ouvrait ma porte, je ne saurais que lui tendre les bras », avait-elle écrit à la fin des années 1980. Elle reste à tout jamais celle qui me confiait peu de temps avant de mourir : « Peut-être étais-je sa force, il était mon soleil. »

Depuis plusieurs années déjà mes amis me conseillaient d'aller voir Léo en Italie, mais je n'avais aucune envie d'intervenir dans sa nouvelle vie.

Nous nous sommes téléphonés quelquefois, en cachette. Brusquement sa voix changeait, il bredouillait, je n'insistais pas, il me faisait penser à son père à qui sa femme interdisait de téléphoner et qui allait le faire discrètement au casino ou chez des amis.

Depuis un certain temps, lui non plus n'allait pas bien. Je ne le savais pas. Devant subir une petite intervention chirurgicale dont j'avais peur, j'ai éprouvé le besoin de lui parler juste avant..., sait-on jamais... Nous devions nous revoir.

J'ai de nouveau appelé Sienne. « Il est à la radio », m'a-t-on répondu.

« La radio »... J'ai confondu.

Il était injoignable, ne m'appelait plus.

Longtemps j'ai voulu lui écrire. Je ne l'ai jamais fait. Peur que ma lettre n'arrive jamais à son destinataire, pudeur, ressentiment, regret des silences.

Le temps nous a fait défaut.

Dans ce poème « Madeleine », ô combien prémonitoire, il avait évoqué leur mort future : si elle mourait la première, il la suivrait.

Et si tu meurs devant je suivrai à la trace[1]...

1. « Madeleine » in *Poète... Vos papiers !*, *op. cit.*

Il a tenu parole.

J'ai appris sa mort par la radio, le 14 juillet 1993.

Léautaud avait déclaré : « La postérité me fait éclater de rire ! Une seule chose compte pour moi, ce dont on peut jouir ou souffrir quand on est vivant. » Léo avait répondu en 1983 à un journaliste qui lui posait la même question : « Je m'en fous complètement[1]. »

Déjà en 1950 il avait chanté à celle qui après sa mort lirait son nom sur une affiche :

> [on] *Te parlera de mes succès,*
> *Mais un peu triste toi qui sais,*
> *Tu lui diras que je m'en fiche*[2]...

Les commémorations, les places, rues, théâtres à son nom me rendent triste. Ma mère me l'avait dit : « Tu verras plus tard. »

Je vois...

Grâce à la ténacité de quelques hommes ou femmes de justice, grâce au livre de Marie-France Hirigoyen[3], je pus au bout de plusieurs longues années de lutte et de souffrance faire condamner l'homme qui exploita ma mère.

Depuis vingt ans je me heurte aux ayants droit de Léo, à cette même volonté organisée de gommer l'existence de celle qui porta son nom pendant vingt et un ans.

Heureusement, Jean Aittouares, avocat brillant, honnête et humain me soutient depuis des années.

1. Richard Cannavo, *Le Matin*, 28 octobre 1983.
2. « La Vie d'artiste ».
3. *Le Harcèlement moral : la violence perverse au quotidien*, La Découverte & Syros, 1998.

«Madeleine est l'autre pouls de moi-même[1]»

Admirer l'œuvre de Léo est une chose, célébrer l'homme en est une autre.

«Il n'y a pas de grand homme pour son valet de chambre[2].» Léo m'avait lui-même appris cette maxime. On va me reprocher de faire du «biographisme», de ne pas laisser «l'anecdote en retrait», d'être iconoclaste, de toucher à la vie privée d'une idole, de faire du sordide. Je m'en donne le droit *«dans ce monde où les muselières / Ne sont pas faites pour les chiens[3]»*.

Il a étalé sa vie privée dans les journaux, l'a exhibée avec morgue, indécence et mensonges.

Cette vie privée fut la mienne pendant très longtemps.

Sur la question sempiternellement soulevée de l'intérêt de la biographie dans l'œuvre d'un artiste, Léo, après une visite décevante de la maison de Ravel à Montfort-l'Amaury avait conclu : «Il ne faut pas connaître les artistes.» Peut-être, mais il ne me semble pas possible de nier que l'autobiographie a nourri son œuvre plus ou moins directement, directement très souvent.

Notre vie, je la retrouvais dans ses chansons. Je les ai vécues quotidiennement. J'ai assisté à la naissance de plusieurs d'entre elles, transcription précise, factuelle des événements de

1. *Paris-Jour*, 15 avril 1965.
2. Michel de Montaigne, *Les Essais*, III, 2, «Du repentir».
3. «Thank You Satan».

chaque jour. Événements heureux, malheureux, anecdotiques. Ces références sont parfois plus ou moins décodables. J'ai lu beaucoup de bêtises à ce sujet.

«La muse est un prétexte», affirmait-il. Mais justement, n'est-ce pas cela une muse : un prétexte, une source d'inspiration? Même après 1968, il avoue : «J'ai écrit des chansons pour ma femme : "Mon p'tit voyou", "Ça t'va"... ce sont les plus typiques [1].» Dans toutes les chansons d'amour écrites pendant dix-huit ans, je reconnaissais ma mère, et l'auteur me mettait les points sur les *i*, insistant si j'avais douté : «Ta mère, c'est pour ta mère.»

La chanson «Ça t'va», mais aussi tellement d'autres.

Cet air sans façon
Dont t'as pris mon nom
Pour vivre de musique [2]

Peut-on être plus clair?

J'étais là, je les ai vus s'embrasser tandis que Léo la lui susurrait, mimant même certains vers. Il y chante son bonheur conjugal, les qualités de sa femme Madeleine et de sa cuisine prise comme un grand art.

Je le vois encore la lui murmurer à genoux les bras écartés.

Tout y est, la manière de s'habiller de celle «*qui se sapait chez le couturier du coin qu'avait des harnais démocratiques*», ses «*cheveux en vrac*», ses «*souliers pointus* [3]», ses mains qui font les «*mères poules* [4]». Ma mère n'aimait pas ses mains qu'elle jugeait trop petites, «tes petites mains de misère», lui chuchotait Léo. Combien de fois ai-je vu Léo les embrasser, ces petites mains.

Lorsqu'elle partait faire le marché derrière la porte Maillot, métro Sablons, à pied avec son panier, son vieux porte-monnaie, elle revenait en trottinant, courbée sous le poids de ses commissions, pleine d'histoires à raconter. Léo écrivait :

1. *Noir et Blanc*, *op. cit.*
2. «Ça t'va».
3. «Le Guinche».
4. « Ça t'va».

Elle fait le marché et m'en revient chaque fois avec un carnet oral de comédie humaine. Madeleine, c'est un peu Balzac [...] *la langue de Madeleine est comme celle des poètes.* [...] *Mais moi, j'ai la foi, pas celle qu'on sait, l'autre, celle de l'Amour*[1].

Et il composait «Le Marché du Poète» (1964) : «*Quand ma femme part au marché...*»

À la maison et sur scène, ils dansaient «Le Guinche» et «Le Temps du tango», serrés l'un contre l'autre :

Souliers pointus, robe à carreaux, cœurs vermoulus[2]

Il faisait le clown en lui chantant : «*J'm'habille en toi et ça m'va bien*[3].»

Il se moquait : «*Avec ta mèche qui fait l'tapin / En haut d'ta gueule comme un grappin*[4].»

La liste serait longue...

Et j'en dirai, et j'en dirai...
Tant fut cette vie aventure...
[...]
J'ai vécu le jour des merveilles
Vous et moi souvenez-vous en[5]

Jusqu'à cette chanson si célèbre, si belle, mais pour moi particulièrement sinistre «Avec le temps» (1970) qu'il a parfois avoué ne pas aimer, qu'il demandait de ne pas applaudir, car «trop personnelle», annonçait-il... «L'autre qu'on adorait...»

1. Présentation du disque *Léo Ferré, op. cit.*
2. «Le Guinche».
3. «Les Bonnes manières ».
4. «T'es chouette».
5. «Je chante pour passer le temps».

L'autre, c'est ma mère, celle dont il avait voulu « *Qu'on puisse dire un jour / [...] / Qu'il n'a aimé qu'elle*[1]... »

J'ai retrouvé bien après 1970 des sanglots d'amour et de haine confondus pour celle qui « *tant et tant le regardait et l'écoutait*[2] ».

Quand, vers la fin de sa vie, il interprétera de nouveau « Notre amour », chanson qu'il avait écrite pour elle et qu'il lui chantait tendrement devant moi en 1955 :

S'il t'arrivait de m'oublier,
Sache que moi je n'oublierai
Jamais[3]...

J'aime croire qu'il n'avait jamais rien oublié.

1. « Ça t'va ».
2. « Et... basta ».
3. « Notre Amour ».

«Avec le temps [1]»

Il est celui qui a marié la musique à la poésie comme nul autre, celui grâce à qui beaucoup ont reçu ce supplément d'âme qui aide parfois à vivre.

Mes proches m'ont souvent reproché de mettre la barre trop haut. J'ai été élevée dans l'amour avec ses preuves, puis ses épreuves. Sans cet immense poète, je serais autre.

Sans nier la beauté et les fulgurances des œuvres de la dernière partie de sa vie, il est de mon droit de préférer les chansons que j'ai bien connues à ces textes-fleuves, difficiles à suivre, à ces longs monologues, à cette logorrhée parfois.

Léo n'a pas commencé sa vie en 1968. Il a créé de 1950 à 1968 plus de deux cents chansons – elles l'ont rendu célèbre –, certaines sont des miracles. Lorsqu'il m'a chanté «Les Retraités», chef-d'œuvre de tristesse, j'ai eu des idées noires pendant plusieurs jours, bouleversée par tant de talent. Quand j'ai lu «Salope», «L'amour est dans l'escalier [2]», j'ai méprisé l'œuvre et l'homme.

Commediante, Tragediente. Dire que j'aurais mis tant de temps à m'en rendre compte. Il pouvait être fastueux ou sordide, sa bonté était intermittente, son cœur sélectif, sa mauvaise foi colossale. Il a voulu mettre à la poubelle son passé. Il a soigné sa

1. «Avec le temps».
2. In *Testament phonographe*.

légende de poète maudit, crié d'autant plus fort qu'il a cherché à cacher la vérité. Il a fait de sa haine son fonds de commerce.

Avec cet « homme qui donne des raisons de désespérer du monde », ai-je lu, j'ai partagé espoir, gaieté, bonheur. Mon enfance a été heureuse, mon adolescence agitée.

J'ai vécu dans une démesure affective qui a failli me détruire.

Maintenant me poursuit une immense nostalgie.

J'ai retrouvé ce 33 tours, la cinquième symphonie de Beethoven, le 45 tours de Piaf et *La Vie parisienne* d'Offenbach qu'il m'avait offerts pour mes quinze ans.

J'ai retrouvé le vieux carnet noir de ma mère avec ses pages qui s'effritent et restent collées sous mes doigts, avec tous ces noms : Breton, Aragon, Girardot, Bolloré, Coquatrix, Canetti, Dalida, Garçon, Mouloudji, Mac Orlan, Patachou, Paul-Louis Weiller, Piaf, Tino Rossi, Salvador, Cora Vaucaire...

J'ai retrouvé ces manuscrits avec nos trois écritures mêlées, ces cahiers que me réclament maintenant ceux qui justement voudraient ne pas laisser de traces de ce passé.

Telle la sonate de Vinteuil, les chansons de Léo résonnent en moi, et me font revivre un bonheur perdu. Elles sont vivantes, lancinantes références quotidiennes : place de l'Opéra, dans les encombrements je repère toujours « *le flic qui t'engueule* [1] » et mécaniquement je chantonne « La Mélancolie »... je rentre dans un magasin, j'entends « Jolie Môme », c'était moi, ce n'est pas la chanson que je préfère... je ressors vite... coup de poignard, sourdes douleurs.

Léo est là, à mes côtés, comme il le fut si longtemps, il me les chante en souriant gentiment.

Il y a peu, j'essayais d'éviter rue Jacob la vieille coupure de presse affichée sur la vitre des *Assassins* [2], là où il avait chanté à ses débuts.

Je dis encore « on », puis je réalise très vite que cela n'existe plus...

1. « La Mélancolie ».
2. Ancien restaurant situé au 40, rue Jacob dans le sixième arrondissement de Paris.

« Rompre avec les choses réelles, ce n'est pas rien ; mais avec les souvenirs ! » écrivit Chateaubriand. Je m'y refuse, j'en ai de trop beaux.

Avec le temps j'aime encore Léo malgré tout, sentiment paradoxal fait de tendresse et de rancune. « Il faut du temps à l'absent pour prendre sa vraie forme en nous. Il meurt, il mûrit, il se fixe [1]. » Alors ce temps remettra tout en place, c'est mon espérance.

Il me fallait la distance nécessaire pour écrire ces confidences.

Je garde le souvenir vivant de notre bonheur boulevard Pershing, de nos chiens au bois de Boulogne, des marmottes de Bessans, des edelweiss que nous mettions le soir entre les pages d'un livre, des mouettes de Costaérès, des rires de Du Guesclin, alors je continue, comme tant d'autres, j'essaie de m'arranger avec mes fantômes, et enfin de laisser un peu passer mon passé.

1. Colette, *Sido ou les points cardinaux*, Kra, 1929.

Liste des chansons citées de Léo Ferré

Tous mes remerciements vont à :

Blandine de Caunes,
Françoise Zannad,
Murielle Stibbe et Jocelyne Boeri
pour leurs encouragements.

Et à Vera Michalski qui m'a fait confiance.

Crédits photographiques

Les photographies des pages 1-2-3-4-5-11 et 16 du premier cahier et les pages 1-6 et 8 du second cahier sont tirées des archives personnelles de l'auteur.

Léo Ferré et ses chiens, 1953 : © Luc Geslin.
Mosaïque de photographies pour un reportage sur Léo et Madeleine Ferré. Apparaissent leurs chiens Clairette et Golaud, 1961 : © Georges Lange.
Catherine Sauvage et Madeleine Ferré, vers 1960 : © Michel Grésillon.
Madeleine et Léo Ferré avec Pépée sur les toits du boulevard Pershing, 1961 ; Léo Ferré et Pépée, boulevard Pershing, 1961 : © Pic.
Madeleine et Léo Ferré dans leur île de Du Guesclin ; Léo Ferré ; Madeleine Ferré ; Madeleine et Léo Ferré à Du Guesclin ; Léo Ferré à Du Guesclin ; Léo et Madeleine Ferré au travail à l'île Du Guesclin ; vue de l'île Du Guesclin, 1962 : © Jean-Pierre Sudre.

Table

DU MÊME AUTEUR

Aux Éditions Phébus

Comment voulez-vous que j'oublie... Madeleine et Léo Ferré, 1950-1973, 2013.

LITTÉRATURE FRANÇAISE

aux Éditions Phébus

(extrait du catalogue)

DANIEL ARSAND
Que Tal

ANNIE BUTOR
Comment voulez-vous que j'oublie..., biographie
Préface de Benoîte Groult

ANTOINE CALVINO
Un an autour de l'océan Indien, récit de voyage

FRANÇOISE CLOAREC
Séraphine. La vie rêvée de Séraphine de Senlis

Storr, architecte de l'ailleurs

JEANNE CORDELIER
La Dérobade, récit
Reconstruction, roman
Préface de Benoîte Groult

Escalier F, roman

NATHALIE COURTET
L'Asie à vélo couché, (3 vol.), récit
I. *Aux portes de l'Orient*
II. *Les Routes de la démesure*
III. *De la jungle birmane à la taïga russe*

ALAIN DEFOSSÉ
Mes inconnues
Solande, Denise, Mado
roman

DANIEL DE ROULET
Légèrement seul,
sur les traces de Gall
récit

BENJAMIN DESAY
Le Vagabond des ruines, récit de voyage

MARTINE DESJARDINS
Maleficium, roman

CATHERINE ENJOLET
Sous silence, roman
Préface de Boris Cyrulnik

GABRIEL FERRY
Le Coureur des bois, roman

SERGE FILIPPINI
Deux testaments, roman

GILBERT GATORE
Le Passé devant soi, roman

CÉDRIC GRAS
Vladivostok, neiges et moussons, récit de voyage
Le Nord, c'est l'Est : aux confins de la Fédération de Russie, récit de voyage

LUC HOFFMANN
L'homme qui s'obstine à préserver la Terre
Entretiens avec Jil Silberstein

GILLES LAPOUGE
La Maison des Lettres
Conversations avec Christophe Mercier

MARIE LE GALL
La Peine du Menuisier, roman

PIERRE LOTI
L'Inde (sans les Anglais)
précédé de *Mahé des Indes*
récit de voyage

Fantôme d'Orient
et autre textes sur la Turquie
récits de voyage

CHRISTOPHE MERCIER
Garde à vue, récit

CÉDRIC MORGAN
Kafka ramait le dimanche, roman

THÉRÈSE MOURLEVAT
La Passion de Claudel, biographie

BERNARD OLLIVIER
Sur le chemin des ducs, récit de voyage

Histoire de Rosa qui tint le monde dans sa main, roman

Longue marche (3 vol.), récit de voyage
I. *Traverser l'Anatolie*
II. *Vers Samarcande*
III. *Le Vent des steppes*

L'Allumette et la bombe :
Jeunes : l'horreur carcérale, document

La vie commence à 60 ans, document

Aventures en Loire :
1 000 km à pied et en canoë, récit

NATHALIE PEYREBONNE
Rêve général, roman

ÉRIC PLAMONDON
Hongrie-Hollywood Express
1984 - vol I
roman

MARTIN PROVOST
Bifteck, roman

ZILA RENNERT
Trois wagons à bestiaux
D'une guerre à l'autre à travers l'Europe centrale, 1914-1946
document

PHILIPPE RENONÇAY
Le Défaut du ciel, roman

CATHERINE REY
Une femme en marche, roman

CAROLINE RIEGEL
I. *Soifs d'Orient*
Du Baïkal au Bengale
II. *Méandres d'Asie*
Du Baïkal au Bengale
III. *Éclats de cristal*
En forêt gabonaise

MARTINE ROFFINELLA
Love, roman

CONSTANCE DE SALM
Vingt-quatre Heures d'une femme sensible, roman
Postface de Claude Schopp

MARCELLE SAUVAGEOT
Laissez-moi
Préface d'Elsa Zylberstein

SIDO
Lettres à Colette

INGRID THOBOIS
Le Roi d'Afghanistan ne nous a pas mariés, roman
L'Ange anatomique, roman

TERESKA TORRÈS
Une Française libre, 1939-1945, journal
Jeunes femmes en uniforme, roman

ANGÉLIQUE VILLENEUVE
Grand Paradis, roman

LUDOVIC ZÉKIAN
Rideau !, roman

Cet ouvrage
a été mis en pages par In Folio,
reproduit et achevé d'imprimer
en mars 2013
dans les ateliers de Normandie Roto Impression s.a.s.
61250 Lonrai
N° d'imprimeur : 13-1079

Imprimé en France

Dépôt légal : avril 2013